Roman Heit

Von einem der auszog um reich zu werden…

Ein Buch aus christlicher Sicht!

Zur Nachahmung empfohlen!

BUS Verlag

www.busverlag.de

Ein Buch aus dem BUS Verlag

1. Auflage 🕮

ISBN: 978-3-944909-44-8

Pankstraße 11,

13357 Berlin

Der BUS Verlag ist eine eingetragene Marke.

Coverentwurf: Olaf Kostbar

Druck
Books on Demand GmbH
BoD
In de Tarpen 42,
22848 Norderstedt

Inhaltsverzeichnis

Kapitel 8)

Meine Wünsche und meine Sehnsüchte, können sie real sein oder sind es nur Träumereien?

Kapitel 9)

Was ist denn eigentlich echte Dankbarkeit und vor allem wem gegenüber?

Kapitel 10)

Was ist denn eigentlich echte Affirmationen und wie können Sie mir helfen reich zu werden?

Kapitel 11)

Was ist denn eigentlich echte Visualisierungen und Imaginationen, wie kann ich diese wirkungsvoll einsetzen um reich zu werden?

Kapitel 12)

Was oder wer ist Gott und wie kann Er mir helfen, um reich zu werden?

Kapitel 13)

Was ist denn eigentlich Gotteswille oder der Menschenwille? Was will ich eigentlich?

Kapitel 14)

Was ist denn eigentlich Frieden und Gelassenheit wie bekomme ich innerer Frieden?

Kapitel 15)

Was sind eigentlich Sorgen und Ängste die uns plagen?

Kapitel 16)

Was ist denn eigentlich negatives denken und wie kann ich mein Denken positiv verändern?

Kapitel 17)

Was ist denn eigentlich echter Wohlstand und wie kann ich ihn wirklich erlangen?

Kapitel 18)

Wie kann ich eigentlich den Zehnten geben und was ist eigentlich der Zehnte?

Kapitel 19)

Was ist denn eigentlich Erfolg und wie kann ich Ihn erreichen und was ist wahrer Erfolg?

Kapitel 20)

Was ist denn eigentlich Arbeit und ist eigentlich jeder Arbeit Erfolg bringend?

Kapitel 21)

Was ist denn eigentlich Selbstliebe und wie kann ich lernen mich selbst zu lieben?

Kapitel 22)

Wissen wir eigentlich warum wir hier sind und welche Mission wir eigentlich haben?

Kapitel 23)

Was ist denn eigentlich persönliches Wachstum und was ist damit eigentlich gemeint?

Kapitel 24)

Was ist denn eigentlich damit gemeint meine persönlichen Beziehungen verbessern und anderen Menschen Liebe zu erweisen?

Kapitel 25)

Was ist eigentlich gemeint Gutes und Böses Lohn und Strafe?

Kapitel 26)

Was ist denn eigentlich, damit gemeint schlafen bringt Rat?

Kapitel 27)

Was ist denn eigentlich, damit gemeint? Erkennen deiner Träume!

Kapitel 28)

Was ist denn eigentlich damit gemeint was bedeuten Dir persönlich Deine Gesundheit und Glück?

Kapitel 29)

Was ist denn eigentlich, damit gemeint? Prüfe Deine Entscheidungen!

Kapitel 30)

Was ist denn eigentlich, damit gemeint erkenne Dein wahres Glück?

Kapitel 31)

Was ist denn eigentlich, damit gemeint vertraue Deiner inneren Stimme?

Kapitel 32)

Was ist denn eigentlich, damit gemeint vertraue Deiner Intuition?

Kapitel 33)

Was ist denn eigentlich damit gemeint die Wahrheit über Liebe und Ehe?

Kapitel 34)

Was ist denn eigentlich damit gemeint die Scheidung wann und warum Du sorgfältig abwägen solltest, was Du tun solltest.

Kapitel 35)

Was ist denn eigentlich damit gemeint die Segnungen des Alters?

Kapitel 36)

Was ist denn eigentlich, damit gemeint der Weltfrieden wie kann man Ihn erlangen?

Schlussbemerkung

Vorwort

Ich weiß, dass zu diesem Thema schon viele Bücher geschrieben wurden, aber als Selbstversuch gibt es glaube ich noch keines.

Reichtum ist laut Definition folgendes:

Reichtum bezeichnet den Überfluss an geistigen oder gegenständlichen Werten.

Was man unter Reichtum versteht, hängt von subjektiven und zum Teil höchst emotionalen bzw. normativen Wertvorstellungen ab.

In den modernen, eurozentrisch geprägten Industriestaaten wird Reichtum häufig ausschließlich quantitativ auf Wohlstand und Lebensstandard bezogen, obwohl er sich tatsächlich nicht auf materielle Güter reduzieren lässt.

Die Bedeutung geistigen Reichtums wird häufig unterschätzt, u. a. weil er nur schwer messbar ist.

Gesellschaftlich gesehen erfordert Reichtum die allgemein akzeptierte Übereinkunft, dass Dinge, Land oder Geld jemandem gehören und dass dieses Eigentum geschützt wird.

Das Verständnis von Reichtum unterscheidet sich in verschiedenen Kulturen und ist zum Teil Gegenstand heftiger

Debatten.

Das Gegenteil von materiellem Reichtum – sprich: der Mangel an Gütern bzw. ein überdurchschnittlich niedriger quantitativer Wohlstand – wird als Armut bezeichnet, auch hier gibt es die Unterscheidung zwischen materieller und geistiger Armut.

(Quelle Wikipedia)

Also wie man sieht, ist Reichtum eine sehr persönliche Ansichtssache.

Ich verwende hier in diesem Buch auch Bibelstellen und Zitate verschiedener Quellen (selbstverständlich mit deren Quellenverweis) die wie ich meine, passend zum Thema sind.

Möge der geneigte Leser mir das Du verzeihen aber für mich gibt es nur Brüder und Schwester in Christi deswegen verzichte ich gerne auf das Sie.

So nun möchte ich noch meiner Frau für Ihre Engelsgeduld danken und meinen Kindern das Sie so lieb waren mich dabei zu unterstützen.

Kapitel 1)

Das Unterbewusstsein, ist der größere Teil Deines Gehirns der zu etwa 95 % im Verborgenen liegt, der Deine Glaubenssätze (Prägungen seit frühester Kindheit an) beinhaltet.

Man kann das Unterbewusstsein durchaus mit einem Eisberg vergleichen der größter Teils ebenfalls unter Wasser ist.

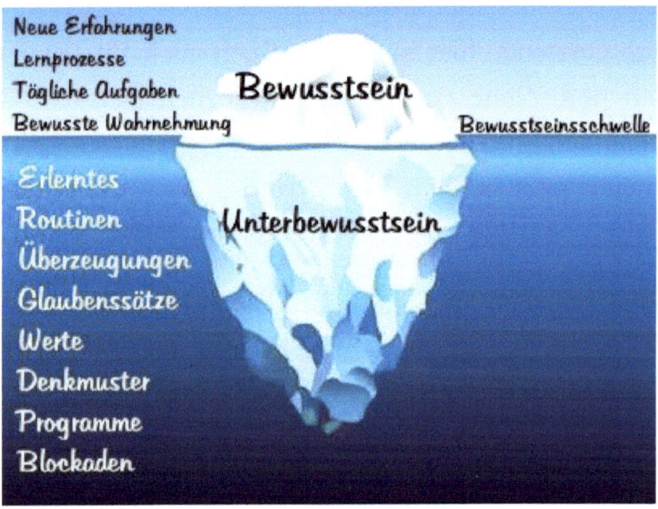

Nach Emil Coue

Die Spitze des "Eisbergs" ist also Dein Bewusstsein das alle Deine Gefühle und Deine Empfindungen wertet.

Das Bewusstsein und das Unterbewusstsein sind also eine Einheit, arbeiten aber auf verschiedene Weise.

Es ist um es einmal mit einer Veranschaulichung zu vergleichen es ist so, als wenn Du auf einem Event bist.

Also alles was Du dort, schmecken, riechen, hören, sehen und berühren kannst gehören zu der äußeren Welt, die aber nicht wirklich real ist, denn gleichzeitig hast Du ja Empfindungen und Gefühle positive oder negativer Art, die Dich auf diesem Event begleiten.

Bestimmt bist Du schon des Öfteren auf derlei Events gewesen und hast dort die Menschen um Dich herum betrachtet und "katalogisiert"

Den magst Du aber nicht wirklich und die ist aber ganz schön eingebildet etc.

Letztendlich bist Du also auf 2 Events der äußeren (sinnlichen Empfindungen) und dem Event Deiner subjektiven Eindrücke (von persönlichen Gefühlen, Interessen, von Vorurteilen bestimmt; voreingenommen, befangen, usw.).

Schlussendlich ist es, aber nur ein Event also stellt sich uns jetzt die Frage. In welcher Welt lebe ich eigentlich wirklich?

Lebe ich in der Welt meines Bewusstseins wo ich die mit meinen Sinnen erlebe oder in der Welt meines Unterbewusstseins mit meinen Gefühlen und Vorurteilen?

Die Wahrheit ist, das Du in Deiner inneren Welt lebst also der Unterbewussten, auch wenn Du Dir dessen nicht wirklich bewusst bist.

Das ist also die "Welt" in der Du fühlst und vielleicht auch leidest.

Die "Welt" Deines Unterbewusstseins in der Du Dinge wertschätzt und anerkennst.

Das Unterbewusstsein wird durch das Bewusstsein gesteuert, auch ohne Dein wissen, denn es "lebt" von Deinen Gedanken über Dinge.

Dein Unterbewusstsein funktioniert also nach Deinem Glauben, ob Du es nun wahrhaben möchtest oder nicht.

Man kennt folgende Begriffe, um es Dir noch einmal zu verdeutlichen.

Das wache Bewusstsein und das schlafende Unterbewusstsein.

Wobei Dein Unterbewusstsein nie wirklich schläft (aber Du bist Dir dessen nicht bewusst :-)

Dein Unterbewusstsein verarbeitet immer die Ursache und dessen Wirkungen die sich auf Deine äußere Welt auswirken.

Du lebst also in Wirklichkeit in der unbewussten Welt, obwohl Du denkst dass das die Welt Deines Bewusstseins ist.

Was Du im äußeren vorfindest, ist in Wirklichkeit die Welt Deiner Gedanken.

Das ist finde ich ein krasser Gedanke, den man erst einmal verdauen muss.

Das "Gesetz" das Dich bis jetzt in Fesseln hält kann Dich auch aus Deinem Gefängnis befreien.

Deine negativen Gewohnheiten die Dich jetzt noch einschränken und einengen lassen sich durch positive Gewohnheiten transformieren.

Dazu musst Du jedoch eine gewisse Beharrlichkeit und Aufmerksamkeit auf Deine Gedanken ausüben und diese mit echter Überzeugung positiv umschreiben wie Du es mit dem PC machst wenn Du z.B. in Word eine neue Seite schreibst und den alten Inhalt überschreibst.

Dein Unterbewusstsein ist die Festplatte Deines Gehirns also die Hardware und alles in Deinem Leben stattfindet ist also die Software.

Du kannst Deine Gewohnheiten ändern, wenn Du diese durch ständige Wiederholungen und Affirmationen oder Subliminals immer wieder Deinem Unterbewusstsein vorträgst.

Wichtig sind hierbei die ständigen Wiederholungen!

Manche sagen dass 3 Wochen ausreichend sind um gewisses Glaubensmuster zu verändern, ich bin aber der Meinung dass Du diese Umschreibung wie ein Gebet täglich ausführen solltest und zwar jeden Tag deines Lebens

Dein Glauben das es möglich ist und Deine ehrliche Erwartung das es so geschehen wird.(nicht kann !)

Du kannst also Deine Prägung verändern, indem Du immer wieder daran arbeitest.

Dein Unterbewusstsein schläft nie und es "sorgt" dafür das Du das erntest was Du »ausgesät« hast.

Kapitel 2)

Unser Leben ist das Produkt unserer Gedanken.

Marcus Aurelius

Wir sollten demütig anerkennen, dass die in uns entstehenden Gedanken überaus kraftvoll und machtvoll sein können.

Wir können uns buchstäblich den Himmel auf Erden erschaffen, wenn wir es nur schaffen würden den ganzen Tag ausschließlich positive Gedanken zu denken, leider ist dem ja bekanntlich eben nicht so.

Ebenso erschaffen wir uns das Gegenteil des Himmels nämlich die Hölle aus Armut und Trostlosigkeit durch lauter negative Gedanken.

Die Aussage in der Bibel dazu: „So hast du dich durch deine Worte gebunden, bist du gefangen durch deine Worte“

(Sprichwörter Kapitel 6, Vers 2)

Folglich ist es immer so:

Das Unterbewusstsein liegt ein festes geistiges Prinzip zugrunde.

Das Unterbewusstsein hingegen funktioniert nach dem Prinzip des Glaubens - also was glaubst du (wirklich)?

Der Glaube wie kann man Ihn eigentlich definieren?

Lateinisch: Fides

(Vertrauen, Glaube, Zutrauen)

Darum sage ich euch: Alles, was ihr betet und bittet, glaubt nur, dass ihr's empfangt, so wird's euch zuteilwerden.

Markus 11:24 Die Heilige Schrift

Was bedeutet dieser Bibelvers eigentlich?

Was müssen wir tatsächlich tun, um wirklich zu glauben?

Wir bitten also eine höhere Macht, in unserem Fall unseren himmlischen Vater zum Beispiel um Gesundheit, Zufriedenheit, Dankbarkeit oder ja auch Reichtum warum denn nicht?

"Reichtum und Ehre kommt von dir, du herrschst über alles. In deiner Hand steht Kraft und Macht, in deiner Hand steht es, jedermann groß und stark zu machen."

1 Chronik 29:12 Die Heilige Schrift

Denn wenn Gott einem Menschen Reichtum und Güter gibt und lässt ihn davon essen und trinken und sein Teil nehmen und fröhlich sein bei seinem Mühen, so ist das eine Gottesgabe.

Prediger 5:18 Die Heilige Schrift

Sicherlich ist es moralisch und menschlich verwerflich allein nur dem Reichtum nachzujagen und dabei unmenschlich und egoistisch zu sein.

Aber ich werfe jetzt noch einmal ein, wie soll man den Taten der Barmherzigkeit spenden, wenn man keinerlei Geld oder Besitztümer hat?

Wie soll ich denn meinem Nächsten speisen oder Obdach geben können?

Wer reichlich gibt, wird gelabt, und wer reichlich tränkt, der wird auch getränkt werden.

Sprüche 11:25 Die Heilige Schrift

Weigere dich nicht, dem Bedürftigen Gutes zu tun,

wenn deine Hand es vermag.

Sprüche 3:27 Die Heilige Schrift

Also liebe Geschwister hier steht nichts von der frommen Armut geschrieben denn wer nichts hat was kann er denn entbehren oder spenden?

Jesu lehrte immer wieder, das seine Nachfolger Glauben haben sollen, warum?

Weil es ohne diesen unmöglich ist etwas Positives zu bewegen oder auch zu erschaffen.

Denken wir jetzt einmal kurz ganz pragmatisch.

Wenn der Bauer sein Feld pflügt und den Samen ausbringt, dann kann er auch nur das Einfahren was er auch ausgesät hat.

Wenn er Mais ausgesät hat kann er wohl kaum Hirse ernten.

Was ich Euch damit sagen möchte ist folgendes:

Ihr müsst schon an das Glauben was ihr ausgesät habt und bitte auch immer nur einen Wunsch nach dem anderen!

Der eine wünscht sich Gesundheit ein anderer mehr Zeit und wieder ein anderer wünscht sich mehr Reichtum.

Das Problem dabei ist nur folgendes, das Unterbewusstsein unterscheidet immer zwischen Gefühlen und Fantasien.

Was glaubst Du welches der beiden oben genannten Ideen wird es wohl verwirklichen, was meinst du?

Richtig Tagträume sind zwar schön, aber sie zerschellen an der Klippe des Bewusstseins denn der sogenannte Wächter (das Bewusstsein) wird nur etwas vorbeilassen, wenn er es auch für durch führbar hält.

Auch hier kommt es wiederum auf die Prägung oder Neudeutsch das Mindset an, also die vorherrschenden Glaubenssätze die wir schon seit unserem zartesten Kindesalter eingetrichtert bekommen haben.

Du bist zu klein, das verstehst du noch nicht, das schaffst du nicht usw.

Wer kennt diese nicht von den gut meinenden Eltern.

Leider haben diese Prägungen einen Einfluss auf das gesamte nachfolgende Leben eben dieses Kindes.

Man sagt, dass der Mensch im Durchschnitt 50.000 Gedanken denkt.

Dann rechnet mal zurück wie viele Jahre Ihr umetikettieren sprich verändern müsstet, um sozusagen die Reset-Taste zu drücken und noch einmal von Vorn zu beginnen.

In diesem Sinne

Der Mensch denkt-Gott lenkt, den Rest kennt ihr ja sicher!

Richtig

Der Mensch dachte, Gott lachte

Kapitel 3)

Der Glaube oder was glaube ich eigentlich?

Das ist eine seltsame Frage wirst Du jetzt bestimmt denken aber ist dem wirklich so?

Natürlich denke ich, und zwar immer und jeden Tag.

Ich kann gar nicht anders, als immer nur zu denken.

Doch um was drehen sich in Wahrheit Deine Gedanken?

Ist es nicht vielleicht so das Du Dir, wie immer Sorgen machst, was als Nächstes auf den Tisch kommt und ob das Geld bis zum Ende des Monats reichen wird?

Das Du immer wieder an Deine Arbeit denkst, was Du Morgen erledigen musst, weil Du Dein Pensum heute leider nicht mehr geschafft hast?

Sind das in etwa Deine Gedanken?

Dann muss ich Dir leider sagen das dieses Denken dem sogenannten Massenbewusstsein entspringt das fast immer negativ ist.

Ich möchte Dir jetzt mal ein allzu wahres Zitat von Henry Ford zitieren:

Denken ist die schwerste Arbeit, die es gibt. Das ist wahrscheinlich auch der Grund, warum sich so wenige Leute damit beschäftigen.

Und das traurige daran ist tatsächlich, dass es stimmt.

Die Antwort darauf ist folgende, das wahre Denken ist frei von Furcht und Sorgen.

Sorgt Euch nicht um das Leben, was Ihr essen sollt, auch nicht um den Leib, was Ihr anziehen sollt. Denn das Leben ist mehr als die Nahrung und der Leib mehr als die Kleidung.

Lukas 12:22b-23 Die Heilige Schrift

Ich will jetzt nicht von dem wahren spirituellen (geistigen) Glauben reden, denn das scheint heutzutage einen negativen Touch zu haben.

Aber kannst Du Dir eigentlich einmal vorstellen das es einmal eine Zeit geben wird in der Du Dir keine Sorgen mehr zu machen brauchst?

Das klingt jetzt für Dich bestimmt unrealistisch jedenfalls zum jetzigen Zeitpunkt, nicht wahr?

Ich will noch einmal auf etwas anderes zurückkommen.

Wie oft hast Du Dich heute schon über einen Arbeitskollegen geärgert oder über den Fahrer vor Dir?

Sei einmal ganz ehrlich zu Dir selbst!

Nun?

Habe ich Recht?

Genau das ist das Problem, Du denkst negativ und das erzeugt weitere Negativität verstehst Du?

Da das Deine Gedanken sind an die Du permanent und immer wieder denkst und erzähle mir bitte nicht das Du nicht noch längere Zeit mit dem Ärgern beschäftigt hast denn das ist normal.

Hätte ich nur das Argument, das ich jetzt habe früher einfallen können, wenn man zB von einem Kollegen verbal angegriffen wurde oder kannst der nicht mal Schnellerfahren mein Gott 50 km/h sind doch erlaubt und jetzt trägt er nach sein Auto um die Ecke und ich habe es doch eilig Du Idiot.

Kommt Dir das vielleicht bekannt vor oder zumindest so ähnlich?

Hattest Du nicht mal als Du noch kleiner warst einen Traum was Du mal werden wolltest, so richtig von ganzem Herzen?

Vielleicht Astronaut oder Filmstar eben etwas was Du Dir von ganzem Herzen gewünscht hättest?

Was ist von Deinem Traum geblieben?

In der Schule hast Du viele Dinge gelernt, die man im wahren Leben kaum gebrauchen kann, von Mathematik mal ausgenommen allerdings bin ich bei Trigonometrie bis heute immer noch nicht auf den Sinn gestoßen und alle Hauptstädte der Erde muss ich auch nicht unbedingt kennen, dafür gibt es ja Heutzutage das Internet oder Google.

Und genau das ist das Problem, es werden Dinge gelehrt die dem eigentlichen Traum völlig unrealistisch erscheinen lassen und dann sagen Deine Eltern dann nicht auch noch such Dir einen vernünftigen Job?

Dann gehst Du Deinem Job nach der Dir eigentlich gar nicht liegt und den Du eigentlich niemals ausüben wolltest.

Vielleicht hast Du dann einmal irgendwann einen Zusammenbruch und Du stellst Dir dann die Frage warum mache ich das eigentlich, warum schufte ich denn Tag für Tag und erfülle meine Pflicht denn es ist nicht mehr und nicht weniger in einem Job, den ich eigentlich gar nicht wirklich leiden kann?

Wenn Du dann genug Mumm hast, sagst Du natürlich mal wieder gegen alle Widerstände:

"Jetzt ist Schluss mit dem verdammten Hamsterrad" das sich immer schneller zu drehen scheint je höher Du eigentlich gelangen möchtest.

Ralph Waldow Emmerson sagte eine mal:

Der Mensch ist das, was er den ganzen Tag denkt.

Jetzt kommen wir wieder darauf zurück was Du denkst.

Ich möchte Dir einmal einen Rat geben!

Vielleicht bist Du nun im Alter etwas fortgeschritten und kannst Deinen Traumberuf nicht mehr ausüben aber es gibt immer noch etwas was Du tun kannst und was Deine Augen und Dich dazu wieder zum Leuchten bringen kann.

Im Laufe der Zeit hast Du vielleicht festgestellt das Du gerne schreiben würdest oder das Dir kochen besonders Spaß macht, dass Du hervorragend mit zahlen oder Menschen umgehen kannst und so könntest Du Dir faktisch eine Vision erarbeiten.

Nun kommt es darauf an das Du an Dich und Deine Fähigkeiten glaubst und das Dir, das einen unheimlichen Impuls gibt.

Wenn auch der Markt wie es scheint, schon reichlich gefüllt ist und es 1000 oder mehr Mitbewerber gibt, dann sei gewiss Du bist Einzigartig und das ist tatsächlich auch die Wahrheit, denn niemand auf dieser Erde ist Dir gleicht und alles was Du nun tun musst ist Dir Deine Vision und Dein Ziel vor Augen zu halten.

Sozusagen wie die Möhre von den Augen des Esels damit er sich bewegt :-)

https://www.bm-online.de/allgemein/wie-motiviert-sind-ihre-mitarbeiter/ kleiner

Nennt man auch Eigenmotivation.

Und was immer Deine Vision ist Glaube daran denn:

"Wenn Ihr Glauben habt wie ein Senfkorn, so könntet Ihr sagen zu diesem Berg: Hebe Dich dorthin, so wird er sich heben; und Euch wird nichts unmöglich sein."

Matthäus 17:20 Die Heilige Schrift

Tue es ich glaube an Dich

Kapitel 4)

Was ist wahrer und was ist eigentlich blinder Glaube?

Das ist auch so eine komische Frage.

Ich möchte Dir das einmal genauer definieren.

Wahrer Glaube hat immer eine spirituelle also göttliche Grundlage, wogegen blinder Glaube ein Glaube ist ohne echtes Fundament.

Ich glaube das, was in den Nachrichten erzählt wird...

Wer das glaubt, der wird wohl fehlgehen..

Paracelsus hat einmal gesagt:

Ganz gleich, ob der Gegenstand Deines Glaubens wahr ist oder falsch, du wirst immer entsprechende Resultate erhalten.

Früher trug man einen Talisman oder ein Glücksbändchen um auf dem richtigen Weg zu sein oder um beschützt zu sein.

(Manche Menschen tun das auch heute noch)

Als ein Beispiel für einen blinden Glauben nehme ich gerne den sogenannten Placebo Effekt von Medikamenten.

Placebo Effekte sind psychologisch begründbare positive Veränderungen des subjektiven Befindens und von objektiv messbaren körperlichen Funktionen, die der symbolischen Bedeutung einer Behandlung zugeschrieben werden. Sie können bei jeder Art von Behandlung auftreten, also nicht nur bei Scheinbehandlungen.

Der Placebo Effekte beschreibt danach die individuelle Reaktion auf eine Behandlung, die aufgrund von psychosozialen Faktoren, wie Suggestion/Erwartungshaltung und Konditionierung ausgelöst wird.

Quelle Wikipedia

Das Vermögen also Gedanken die mit Emotionen aufgefüllt werden.

So Ihr Glauben habt wie ein Senfkorn, so mögt Ihr sagen zu diesem Berge: Hebe Dich von hinnen dorthin! So wird er sich heben; und Euch wird nichts unmöglich sein.

Matthäus 17:20

Wenn man einer tiefgläubigen kranken Person erzählt, dass eine bestimmtes Fragment, gleich welcher Art Heilkraft besitzt so darf man den von dem Kranken nach der möglicherweise erfolgten Genesung, nichts von der Lüge erzählen denn dann könnte es sein das er seinen gelebten Glauben wieder aufgibt und dann wieder erneut erkrankt.

Das alles vermag der blinde Glaube und jetzt stell Dir einmal vor was Du erreichen kannst in Bezug auf den echten Glauben.

Darum sage ich Euch: Alles, was Ihr betet und bittet, glaubt nur, dass Ihr's empfangt, so wird's Euch zuteilwerden.

Markus 11:24

Es ist aber der Glaube eine feste Zuversicht dessen, was man hofft, und ein Nichtzweifeln an dem, was man nicht sieht.

Hebräer 11:1

Der Heiler muss nicht den Glauben aufbringen, um zu heilen er muss nur den Gauben der Person die er "behandelt" erwecken und er wird sich selbst heilen.

Medicus curat, natura sanat bedeutet auf Latein

„Der Arzt behandelt, die Natur heilt“.

In diesem Sinne bleibt schön gesund

Kapitel 5)

Die Kräfte des Gebetes was sagen eigentlich meine Gebete über mein Verhältnis zum Schöpfer?

Die allermeisten Menschen auf dieser Welt glauben an ein höheres Wesen, das uns Menschen wohlgesonnen ist.

Es gibt für Ihn mehrere Namen die einen nennen ihn das höhere Selbst, der Allmächtige, Heiliger Vater oder ähnlich.

Nun ist es aber so dass sich der Schöpfer selbst einen Namen gegeben hat

Da sprach Gott zu Mose: "Ich bin der, der ich bin.

Dann sprach er: So sollst Du zu den Söhnen Israel sagen:

Der "Ich bin" hat mich zu Euch gesandt.

Und Gott sprach weiter zu Mose: So sollst Du zu den Söhnen Israel sagen: Jahwe , der Gott Eurer Väter, der Gott Abrahams, der Gott Isaaks und der Gott Jakobs, hat mich zu Euch gesandt.

Das ist mein Name in Ewigkeit, und das ist meine Benennung von Generation zu Generation. "

2 Mose 3.14 die Heilige Schrift

Ich möchte hier keine Predigt verfassen, sondern lediglich die Heilige Schrift als das Maß aller Dinge heranziehen.

Es bleibt Euch selbstverständlich frei mir zu folgen oder nicht.

Sorgt Euch um nichts, sondern in allen Dingen lasst Eure Bitten in Gebet und Flehen mit Danksagung vor Gott kund werden! Und der Friede Gottes, der höher ist als alle Vernunft, wird Eure Herzen und Sinne in Christus Jesus bewahren.

Philipper 4:6-7

Beten sollte man mehrmals am Tag denn es gibt nichts auf diesem Planeten was er uns nicht geschenkt hat.

Das ist natürlich kein Dogma, aber wer bedankt sich, als höflicher Mensch nicht für eine Tür die einem aufgehalten wird oder wer lächelt nicht zurück, wenn man ein Lächeln empfängt?

Ich und meine Familie wir beten immer vor den Mahlzeiten wenn die Familie beisammen ist und um Gott für seine liebende Güte und seine Gaben zu preisen.

Himmlischer Vater wir sind hier an diesem Tisch versammelt um Dir für Deine Liebe und dein Langmut zu danken.

Wir danken für diese vor uns liegende Speise und sind ein gedenkt dessen das diese in dieser Welt nicht selbstverständlich ist.

Wir verzeihen unseren Mitmenschen und hoffen dass auch Sie uns verzeihen.

Denn der Geist ist willig, aber das Fleisch ist schwach.

So segne uns doch bitte und vergib uns unsere Fehler.

Amen

Das ist unser kleines Gebet, man kennt ja im Allgemeinen das Vater Unser oder die absolute Kurzversion:

Herr Jesus Christus sein unser Gast und segne, was Du uns beschertet hast.

Jeder mag nun für sich entscheiden was er für richtig und angebracht hält.

Ich bin der Meinung, dass man Gott eigentlich gar nicht oft genug danken kann, wenn man den Irrsinn da draußen betrachtet.

Heutzutage sagen viele Menschen Namaste!

Namaste ist in Indien und in einigen anderen Ländern Asiens eine Grußformel oder Grußgeste (Mudra), die Ehr-

erbietung für einen anderen Menschen, für das Göttliche in ihm und das Göttliche an sich ausdrückt

Yoga Vidya

Anders ausgedrückt

Ich ehre den göttlichen Funken in Dir.

Manche Christen haben ja ein Problem mit den Sitten und Kulturen anderer Länder, ich bin hingegen der Auffassung, dass wir alle Kinder Gottes sind und das keiner über dem anderen steht.

Also bedanke ich mich auch als Christ für diese nette Geste und sage ebenfalls Namaste!

Jetzt sind wir ein bisschen vom Thema abgewichen und ich möchte wieder auf das Unterbewusstsein zurückkehren.

Wann kann man eigentlich davon ausgehen das man "erfolgreich" gebetet hat?

Immer wenn Du nach dem Beten ein Gefühl des Friedens verspürst, dann ist Dein Gebet angenommen worden.

Weil Du aber in einer heiklen Lage bist, weil das Geld für die Miete immer noch nicht auf dem Konto ist und nach einem Monat schon die Obdachlosigkeit droht, bist Du vielleicht versucht Dein Problem immer und immer wieder vorzutragen, das ist zwar menschlich nachvollziehbar aber leider der falsche Weg, denn wir haben ja gelernt das das Unterbewusstsein alles für Deinen größten Wunsch hält was Du mit Gefühl und Emotionen auflädst.

Was meinst Du wird Deine Gebt erhört werden?

Sicherlich nicht, denn Du sollst doch Vertrauen haben in Deinen Gott

Verlass Dich auf den Herrn von ganzem Herzen und verlass Dich nicht auf Deinen Verstand,

sondern gedenke an ihn in allen Deinen Wegen,

so wird er Dich recht führen.

Sprüche 3:5-6

Möge sich Dein Geist beruhigen und möge der Frieden Gottes über Dich kommen.

Kapitel 6)

Was ist eigentlich Liebe und das nicht nur aus biblischer Sicht?

Die Liebe ist langmütig und freundlich, die Liebe eifert nicht, die Liebe treibt nicht Mutwillen, sie bläht sich nicht auf, sie verhält sich nicht ungehörig, sie sucht nicht das Ihre, sie lässt sich nicht Erbittern, sie rechnet das Böse nicht zu.

1 Korinther 13:4-5 Die heilige Schrift

Die Liebe ist wohl das am meisten verbreitete Gefühl das in vielen Filmen und in der Musik verwendet wird.

Doch was ist wirklich Liebe?

Ist es lediglich etwas Oberflächliches wie ein Strohfeuer oder ein bis in jede Pore des Menschen innewohnendes Gefühl?

Ich würde sagen, dass es in diesem Punkt bestimmt die unterschiedlichsten Ansichten gibt.

In der heutigen Zeit hat man allerdings eher das Gefühl das sich die Wegwerfgesellschaft ein eigenes Bild der Liebe kreiert hat.

Liebe Deinen Nächsten wie Dich selbst wird in etwa mit einem Verfalldatum angepriesen und auch die Kirche sagt heute nicht mehr bis das der

Tod Euch scheidet, sondern etwas angepasster "So lange es dauert!"

Die echte tiefe innige Liebe scheint abhandengekommen zu sein.

Alle Menschen sehnen sich danach, aber keiner möchte wirklich etwas investieren, denn die Welt hat ja genug Partner da die keinerlei Ansprüche stellen.

Deswegen ist die Anzahl der Hochzeiten gesunken und die Scheidungen sind dramatisch angestiegen,

Hierzu hat die Bibel einen vortrefflichen Rat:

Nun aber bleiben Glaube, Hoffnung, Liebe, diese drei; aber die Liebe ist die größte unter ihnen.

1 Korinther 13:13 Die Heilige Schrift

Die Liebe ist das erste Gebot, das in der heiligen Schrift vermittelt wird.

Denn so sehr hat Gott die Welt geliebt, dass er seinen eingeborenen Sohn gab, damit jeder, der an ihn glaubt, nicht verloren geht, sondern ewiges Leben hat.

Johannes 3:16 Die Heilige Schrift

Die Liebe ist also mehr als ein romantisches Gefühl, es geht in Wahrheit weit darüber hinaus.

In der Schöpfungsgeschichte wird zu Adam gesagt der der Herr Ihm eine Gefährtin, als sein Gegenstück bekommen sollte, da es für den Menschen nicht gut sei weiterhin allein zu sein.

Der Wert einer guten Ehefrau gemäß der Bibel

Sprüche 31, 10-31

Eine tüchtige Frau ist das kostbarste Juwel, das einer finden kann. Ihr Mann kann sich auf sie verlassen, sie bewahrt und mehrt seinen Besitz. Ihr ganzes Leben lang macht sie ihm Freude und enttäuscht ihn nie. Sie sorgt dafür, dass sie immer Flachs und Wolle hat; sie spinnt und webt mit fleißigen Händen. Sie schafft von überall her Nahrung herbei wie ein Handelsschiff aus fernen Ländern. Sie steht schon auf, wenn es noch dunkel ist, bereitet die Mahlzeiten vor und weist den Mägden die Arbeit zu. Sie schaut sich nach einem Stück Land um, kauft es mit dem Geld, das sie selber verdient hat, und bepflanzt es mit Reben. Sie packt Ihre Aufgaben energisch an und scheut keine Mühe. Sie merkt, dass Ihre Mühe etwas einbringt; darum arbeitet sie beim Schein der Lampe bis spät in die Nacht. In jeder freien Minute nimmt sie die Spindel zur Hand. Den Armen und Notleidenden gibt sie reichlich und gern. Schnee und Frost bereiten Ihr keine Sorgen, weil sie für alle im Haus warme Kleidung bereithält. Sie macht sich schöne Decken; Ihre Kleider sind aus feinem Leinen und purpurroter Wolle. Sie hat einen Mann, der von allen geachtet wird; sein Wort gilt etwas im Rat der Gemeinde.

Sie fertigt Tücher und Gürtel an und verkauft sie an Händler. Als wohlhabende und angesehene Frau blickt sie ohne Sorgen in die Zukunft. Was sie redet, zeugt von Weisheit; mit freundlichen Worten gibt sie Anweisungen und Ratschläge. Alles, was im Haus geschieht, behält sie im Auge; Müßiggang ist Ihr unbekannt. Ihre Kinder sind stolz auf sie und Ihr Mann lobt sie. »Es gibt viele tüchtige Frauen«, sagt er; »aber Du bist die allerbeste!« Anmut und Schönheit sind vergänglich und kein Grund, eine Frau zu rühmen; aber wenn sie den Herrn ernst nimmt, dann verdient sie Lob. Ihre Mühe darf nicht unbelohnt bleiben: Für das, was sie leistet, soll die ganze Stadt sie ehren.

Wenn ich Euch einmal fragen darf, wer schätzt seinen Ehepartner wie es hier beschrieben wird?

Natürlich hat sich das Heute verändert, denn die meisten Frauen sind heute berufstätig und nach einem anstrengenden Tag hat Sie auch einfach nicht mehr die Kraft noch den Mann und die Kinder sowie den Haushalt zu versorgen.

Früher waren die Rollen klar, der Mann verdiente das Geld und die Frau war für das schöne Heim und den Nachwuchs verantwortlich.

Eigentlich ist das erst ein paar Generationen her, meine Großeltern lebten noch danach.

Da beide Partner heute berufstätig sind, ist eigentlich kaum noch Zeit für eine echte Liebesbeziehung und wenn dann noch Kinder im Haus sind wird es für die Frau auch immer schwieriger und belastender damit fertig zu werden.

Der Fernseher und andere digitale Ablenkungen wie das Smartphone und das Laptop tun ein Übriges.

Es ist heutzutage geradezu eine echte Herausforderung sich weiterhin innig zu lieben und nicht nach anderen Partnern also sogenannten "Affären" Ausschau zu halten.

Das gilt allerdings für beide Partner.

Hierzu einmal ein passendes Zitat

Liebe ist kein Solo. Liebe ist ein Duett. Schwindet sie bei einem, verstummt das Lied.

Adelbert von Chamisso

In diesem Sinne hoffe ich, dass Ihr einander wertschätzt.

Kapitel 7)

Meine Vergebung, wie vergebe ich eigentlich richtig?

Jetzt sind wir bei einem wirklich spannenden Thema.

Wie vergibst Du?

Ich weiß ja vergeben ja aber vergessen niemals!

Natürlich bricht für jemanden eine Welt zusammen, wenn man jahrelang an der Seite seines Partners verbracht hat, wenn dieser dann einmal fremd- geht.

Das betrifft heute sowohl die Herren als auch die Damen.

Natürlich ist es schwer diesen Vertrauensbruch zu vergeben, aber wenn den anderen wirklich von ganzem Herzen liebt sollte man sich doch ernsthaft die Frage stellen kann und möchte ich ihm (Ihr) das vergeben?

Um eines hier ganz klar zu sagen, der Betrogene hat hier durchaus das Recht sich deswegen scheiden zu lassen, aber manchmal gibt es persönliche Gründe die eine Vergebung möglich machen.

Liebe mich dann, wenn ich es am wenigsten verdient habe, denn dann brauche ich es am meisten.

Ich bin der festen Überzeugung, dass so ein Schritt einen Fehltritt zu begehen nicht ganz aus heiterem Himmel kommt.

Um mich hierbei ganz klar auszudrücken, ich persönlich verurteile derlei Verhalten durchaus, aber ich bin auch der Meinung dass es eine 2. Chance geben kann.

Seien wir doch einmal ehrlich, wenn man den ganzen Tag arbeitet und sich am besten noch jeden Tag Arbeit aus dem Büro noch mit nach Hause nimmt, dann kann man durchaus schon von einem vernachlässigen des Partners oder der Kinder sprechen, denn wirklich nichts entschuldigt derlei Verhalten.

Dann sollte der Betreffende entweder seine Arbeit anders strukturieren oder sich Hilfe holen.

Denn auch ein gemütlicher Fernsehabend scheitert dann kläglich, wenn der Partner nach 10 Minuten einschläft.

Ein ernstes klärendes Gespräch wäre nun aus meine Sicht angebracht um dem anderen zu zeigen, dass man nicht bereit ist immer auf den geliebten Partner zu verzichten.

"Was soll ich denn machen" ist da nur eine Ausrede.

Wer ein Problem erkannt hat, der sollte etwas ändern sonst ist die Ehe ernsthaft in Gefahr.

Auch bewusste Vernachlässigung ist ein Scheidungsgrund.

Die Bibel sagt

Die Vernachlässigung Gutes zu tun, ist genauso sündhaft wie Böses zu tun. Wer nun weiß, Gutes zu tun, und tut's nicht, dem ist's Sünde."

Jakobus 4, 17 Die Heilige Schrift

Deswegen rate ich jedem, Vorbeugen ist besser als eine Scheidung.

Nichts tut durch Zank oder eitle Ehre; sondern durch Demut achte einer den andern höher denn sich selbst.

Philipper 2:3 Die Heilige Schrift

Kapitel 8)

Meine Wünsche und meine Sehnsüchte, können sie real sein oder sind es nur Träumereien?

Wie erinnern uns bestimmt noch an die Physik oder Mathematikunterricht in der Schule, auch wenn das jetzt bei dem einen oder anderen schon ein Weilchen her ist, dort wurde uns das Fundament zum Bau eines Hauses erklärt.

Ohne ein Fundament kein Hausbau, so einfach ist das.

Das heißt also im Umkehrschluss das auch Sehnsüchte oder Träume ein Fundament brauchen und das ist der Glauben an die eigenen Fähigkeiten.

Allerdings dürfen wir auch nicht immer zu Zweifel haben.

Wenn Du einen Traum oder eine Sehnsucht hast dann ist das die Mitteilung Deines Unterbewusstseins das Du Deine jetziges Leben oder Deinen Beruf überdenken solltest.

Denn es ist manchmal, wie eine innere Stimme die Dir immer wieder sagt:

Leben doch Deinen Traum Du kannst es wirklich schaffen, wenn Du nur willst!

Er bitte aber im Glauben und zweifle nicht; denn wer da zweifelt, der ist wie die Meereswoge, die vom Winde getrieben und gewebt wird.

Jakobus 1:6 Die Heilige Schrift

Das Problem ist Dein Zweifel! Warum zweifelst Du an Dir?

Auch eine Reise von tausend Meilen beginnt mit dem ersten Schritt.

Zitat aus dem 64. Kapitel des Tao Te King

Natürlich ist aller Anfang schwer und vielleicht solltest Du noch etwas in Dich investieren unter anderem mit Büchern oder YouTube Videos damit Dir Deine Vision oder Dein Traum deutlicher wird.

In Dich zu investieren ist niemals eine Fehlinvestition.

Den Glauben kann man aber auch nachhelfen.

Ich habe die Subliminales für mich entdeckt die den Unterbewusstsein eine unterschwellige Botschaft übermitteln und damit der Wächter am Tor des Unterbewusstsein (unser Bewusstsein) ausgeschaltet wird diese Botschaft mit dem Geräusch eines Meeresrauschens oder eines säuselndes Baches unterlegt.

So merkt das Bewusstsein nicht das es ausgetrickst wurde und die Botschaften gelangen dorthin wo sie uns weiterhelfen werden.

Das klingt vielleicht etwas gewöhnungsbedürftig, aber bei mir hat es schon funktioniert.

Subliminal kommt vom Lateinischen "sub" ("unter") beziehungsweise "limen" ("Schwelle") und bedeutet auf Deutsch "unterschwellig".

Der Begriff Subliminal bezeichnet die unterschwellige Darbietung bzw. Wahrnehmung von Reizen. "Unterschwellig" bedeutet, dass die Schwelle des Bewusstseins nicht überschritten wird, dass also Menschen die ihnen dargebotenen subliminalen Reize nicht bewusst wahrnehmen. Ziel der Subliminales ist es stattdessen das Unterbewusstsein anzusprechen. Man unterscheidet zwischen Silent Subliminales (unhörbare Subliminales) und normalen Subliminales. Silent Subliminales können eventuell dazu benutzt werden, sich mental (neu) zu programmieren. Da das (kritische) Wachbewusstsein umgangen wird, sollen die Affirmationen direkt das Unterbewusstsein erreichen können.

https://secret-wiki.de/wiki/Subliminals

Ich kann nur jeden raten es auszuprobieren und seine Erfahrungen damit zu machen. Es wirkt.

Natürlich können auch Bücher von Menschen die es zu Ansehen und/oder Ruhm gelangt sind eine inspirierende Lektüre sein und das Beste daran ist, das man diese Methoden für sich nutzen darf.

Eine Empfehlung von Büchern und weitergehende Tipps und Tricks verrate ich am Ende dieses Buches.

So kann ich Dir nur zurufen, vertraue Deinem Herzen und verlasse Dich nicht auf Deinen eigenen Verstand.

Du kannst es schaffen!

Kapitel 9)

Was ist denn eigentlich echte Dankbarkeit und vor allem wem gegenüber?

Danket dem HERRN, denn er ist freundlich,

und seine Güte währet ewiglich.

1 Chronik 16:34 Die Heilige Schrift

Bist du ein freundlicher, höflicher Mensch?

Ich hoffe doch und was tun diese Menschen in der Regel?

Sie bedanken sich!

Für die Tür die Ihnen aufgehalten wird, für das Essen und das Trinken sowie die Arbeit die andere verrichten.

Was meinst Du mit welcher Art von Menschen lebt es sich besser, mit Miesepetern oder mit wirklich dankbaren Mitmenschen?

Was meinst Du?

Vielleicht hast Du einmal bei einer persönlichen Selbstanalyse festgestellt dass es auch Dir etwas an Dankbarkeit fehlt?

Es gibt eigentlich nichts im Leben das man nicht verbessern oder korrigieren kann, dazu gehört auch die Dankbarkeit.

Ein Mangel an Dankbarkeit ist vielleicht eine der Hauptursachen, warum es Dir im Moment nicht so gut geht.

Versuche doch erst einmal bei jeder Mahlzeit Gott für alle seine Gaben ein Dankgebet zu sprechen, dafür braucht man nicht viele Worte nur ein offenes Herz.

Du kannst für Deine Wohnung, dein Auto, deine Kleidung und Deine Arbeitsstelle dankbar sein.

Es gibt auf der Erde viele Menschen die unter sehr schwierigen Umständen Ihr Leben fristen!

Bedenke auch dass sich Deine Dankbarkeit und Freundlichkeit auf andere Menschen in Deiner Nähe und Umfeld überträgt wie zB ein Lächeln.

Hast Du schon mal erlebt das, wenn Du einen Menschen anlächelst das Du meistens eins zurückbekommst?

Dankbarkeit hat auch den schönen Nebeneffekt, dass man die Welt in einem besseren schöneren Licht sieht.

Positives Denken ist auch eine Art von Dankbarkeit.

Ein wirklich positiver Gedanke ist wie ein Lichtstrahl in diesen immer düster werdenden Zeiten.

Dankbarkeit schließt auch den Nächsten mit ein.

Ein freundliches Wort oder eine nette Geste erfreuen nicht nur das Herz des anderen, sondern auch Dein eigenes.

Sorgt Euch um nichts, sondern in allen Dingen lasst Eure Bitten in Gebet und Flehen mit Danksagung vor Gott kund werden!

Und der Friede Gottes, der höher ist als alle Vernunft, wird Eure Herzen und Sinne in Christus Jesus bewahren.

Philipper 4:6-7 Die Heilige Schrift

Es kann auch nicht schaden die Heilige Schrift zu durchforschen und Gründe der Dankbarkeit zu suchen.

Die Dankbarkeit ist ein wesentlicher Teil des biblischen Glaubenslebens, darum mahnt und spricht die Bibel immer wieder vom Danken. An mehr als 300 Stellen redet sie davon. Haben nicht viele Kinder Gottes das Danken verlernt? Nehmen wir nicht alles so selbstverständlich hin? Wirklich dankbare Menschen sind selten geworden.

Eine alte Legende berichtet von einer Konferenz der Tugenden, die einmal zusammenkamen, um gegenseitig Ihre Erlebnisse und Erfahrungen auszutauschen. Da kam die Liebe und die Güte, die Treue und die Demut, die Geduld und die Dankbarkeit und viele andere. Sie kannten sich und grüßten sich untereinander. Nur zwei gingen stumm aneinander vorbei. Sie kannten sich nicht, weil sie einander nie begegnet waren: die Güte und die Dankbarkeit. - Welch eine tiefsinnige Legende, die aber oft in unserem Leben zur Wirklichkeit wird. Die Güte kommt über unser Leben und macht uns reich an irdischen und himmlischen Segnungen, aber die Dankbarkeit, die ständig die Antwort unseres Herzens sein sollte, fehlt bei vielen Gläubigen.

http://www.gottesbotschaft.de

Kapitel 10)

Was ist denn eigentlich echte Affirmationen und wie können Sie mir helfen reich zu werden?

Affirmationen, ob nur tatsächlich gesprochen oder abzulesen sind durchaus wirkungsvolle Hilfsmittel, allerdings bleibt dabei ein Problem, denn der Wächter vor dem Tor des Unterbewusstseins, der Verstand, leugnet gerne diese positiv gemeinten Worte.

Manche Menschen finden es hilfreich, dass sie selbstgeschriebene Texte überall in der Wohnung verteilen und damit immer wieder daran erinnert werden denn der Mensch ist ja bekannter weise ein Gewohnheitstier.

Manche stecken sich buchstäblich eine Zettel an den Spiegel und beschauen sich dabei in demselben.

Der französische Apotheker Emil Coue Coué beschrieb seine Lehre in dem Buch die Selbstmeisterung durch bewusste Autosuggestion. Diese basierte auf zwei Grundgedanken:

Jeder Gedanke in uns ist bestrebt, wirklich zu werden.

Nicht unser Wille, sondern unsere Einbildungskraft, die Fähigkeit, sich etwas glauben zu machen, ist die bedeutsamste Eigenschaft in uns.

Seinen Patienten sagte Coué klar: „Ich habe keine Heilkraft, nur Sie selbst!"

Große Erfolge kann man laut Coué mit der einfachen Übung erzielen, sich lebenslang täglich nach dem Erwachen und vor dem Schlafen etwa 20-mal halblaut (damit der Satz über den Gehörsinn im Unbewussten verankert wird) vorzusprechen:

„Es geht mir mit jedem Tag in jeder Hinsicht immer besser und besser!"

https://de.wikipedia.org/wiki/Emil Coue

Versuche es schaden kann es ja nicht nur sollte man es regelmäßig tun und nicht in der Regel mäßig!

Kapitel 11)

Was ist denn eigentlich echte Visualisierungen und Imaginationen, wie kann ich diese wirkungsvoll einsetzen, um reich zu werden?

Visualisierungen und Imaginationen sind nichts weiter als Vorstellungen wie man sich in der Zukunft sehen möchte.

Man kann eigentlich jeden gewünschten Zustand erreichen oder umsetzen, wenn man dies möchte.

Der Glauben daran ist allerdings elementar wichtig, dass es sich ansonsten nur um Luftschlösser handelt oder einfach Tagträume ohne wirkliches Fundament.

https://myloview.de/bild-zielscheibe-glaube-ziel-erfolg-nr-5F84DA2

Fantasie ist wichtiger als Wissen, denn Wissen ist begrenzt" ist eines der bekanntesten Zitate von Albert Einstein.

Wer wollte schon einem so anerkannten Professor widersprechen?

Oder wie ein Großindustrieller zu sagen pflegte:

Wer immer tut, was er schon kann, bleibt immer das, was er schon ist.

Henry Ford

Also einfach mal raus aus der so gemütlichen Komfortzone und einfach mal drüber nachdenken.

Ich wünsche Dir dabei viel Erfolg

Kapitel 12)

Was oder wer ist Gott und wie kann Er mir helfen, um reich zu werden?

Viele Menschen nennen Gott auch das höhere Selbst, der Allmächtige, Elohim, Vater, der Herr usw.

Fakt ist für jeden Christen, das es einen Gott geben muss gemäß Psalm 83:18

So werden sie erkennen, dass Du mit Deinem Namen Jahwe heißest Herr alleine und der Höchste in aller Welt.

Die Heilige Schrift

Ehre den HERRN mit Deinem Gut und mit den Erstlingen all Deines Einkommens, so werden Deine Scheunen voll werden und Deine Kelter von Wein überlaufen.

Die Bibel, Sprüche 3,9-10

Gott der Vater warnt zwar von der reinen Geldliebe was ja auch vernünftig und verständlich ist, aber wie wir wissen waren viele Menschen die in der Bibel erwähnt worden sehr reich.

Dazu zählen unter anderem.

Moses, Abraham, Lot, David und Salomon um nur einige zu nennen.

Im Alten Testament galt Reichtum zunächst als Zeichen des Segens, den Gott gläubigen und rechtschaffenen Menschen schenkte. "Weil Du der Stimme des Herrn Deines Gottes, gehorsam gewesen bist, werden über Dich kommen … all diese Segnungen", heißt es da, "und der Herr wird machen, dass du Überfluss an Gutem haben wirst." Da ist es nicht verwunderlich, dass die Erzväter als Vorbilder im Glauben oft als besonders reich beschrieben werden. Von Abraham zum Beispiel wird berichtet, Gott habe ihn "reich gesegnet, dass er groß geworden ist, und hat ihm Schafe und Rinder, Silber und Gold, Knechte und Mägde, Kamele und Esel gegeben."

Zitat: "Und der Herr wird machen, dass Du Überfluss an Gutem haben wirst, an Frucht Deines Leibes, an Jungtieren Deines Viehs, an Ertrag Deines Ackers."

https://www.evangelisch.de

Es ist ja auch erklärlich, denn nur wenn man über einen gewissen Reichtum verfügt, kann man einem Bedürftigen davon etwas abgeben.

Da ist einer, der ausstreut, und er bekommt immer mehr, und einer, der mehr spart, als recht ist, und es gereicht ihm nur zum Mangel. Wer gern wohltut, wird reichlich gesättigt und wer andere tränkt, wird auch selbst getränkt. Wer Getreide zurückhält, den verwünschen die Leute; aber Segen kommt auf das Haupt dessen, der Getreide verkauft.

Wer auf das Gute aus ist, sucht Wohlgefallen; wer aber nach Bösem trachtet, über den wird es kommen.

Sprüche 11.24 Die Heilige Schrift

Man kann hierbei deutlich erkennen dass Gott den Menschen stets großzügig auch Reichtum geben hat damit diese auch anderen Mitmenschen helfen könnten, ohne selbst zu verarmen.

Es gab auch die Anweisung Gottes dass die Felder nicht restlos abgeerntet werden durften, damit arme Mitmenschen nicht verhungern mussten.

Man muss sich also auch, als echter Christ nicht schämen sich Reichtum zu wünschen, wenn es nicht nur aus reinem Selbstnutz ist und der Herr wird auch Dir diese Bitte gewähren.

Bittet, so wird Euch gegeben; suchet, so werdet ihr finden; klopfet an, so wird Euch aufgetan. 8 Denn wer da bittet, der empfängt; und wer da sucht, der findet; und wer da anklopft, dem wird aufgetan.

Matthaeus / Die Heilige Schrift

Das Gebet ist eine wirklich wirksame Methode um aus seiner Armut zu fliehen.

Gott verheißt große Belohnungen für diejenigen, die den Bedürftigen helfen.

Die Bibel sagt in Jesaja 58, 7-11: „

Brich dem Hungrigen Dein Brot, und die im Elend ohne Obdach sind, führe ins Haus!

Wenn Du einen nackt siehst, so kleide ihn, und entzieht Dich nicht Deinem Fleisch und Blut!

Dann wird Dein Licht hervorbrechen wie die Morgenröte, und Deine Heilung wird schnell voranschreiten, und Deine Gerechtigkeit wird vor Dir hergehen, -- wenn Du -- den Hungrigen Dein Herz finden lässt und den Elenden sättigst, dann wird Dein Licht in der Finsternis aufgehen, und Dein Dunkel wird sein wie der Mittag.

Und der Herr wird Dich immerdar führen und Dich sättigen in der Dürre und Dein Gebein stärken. Und Du wirst sein wie ein bewässerter Garten und wie eine Wasserquelle, der es nie an Wasser fehlt."

Also nur Mut und der Herr wird Dich beschützen und führen.

Kapitel 13)

Was ist denn eigentlich Gotteswille oder der Menschenwille? Was will ich eigentlich?

Man kann sagen der Wille Gottes ist in allerersterLinie die Liebe. Sie ist seine Haupteigenschaft.

Seine weiteren Eigenschaften sind

Gerechtigkeit, Loyalität, Weisheit, Wahrhaftigkeit und Gerechtigkeit um nur einige zu nennen.

Der Mensch in der heutigen Zeit hingegen ist in erster Linie zuerst machthungrig und egoistisch.

"Geiz ist geil" scheint ein sehr treffendes Zitat zu sein

Quelle Werbeslogan der Firma Saturn.

Jeder Mensch, mit dem man ins Gespräch kommt, spricht von Nachhaltigkeit, Liebe und Achtsamkeit-aber in Wirklichkeit benehmen sich diese Menschen wie "Nach uns die Sintflut".

Man beachte dir Prophezeiung des Timotheus für die letzten Tage

2.Timotheus 3

Die Verderbnis der Endzeit

1 Dies aber wisse, dass in den letzten Tagen schwere1 Zei-
ten eintreten werden;

2 denn die Menschen werden selbstsüchtig sein, Geld-
liebend, prahlerisch, hochmütig, Lästerer, den Eltern unge-
horsam, undankbar, unheilig,

3 lieblos, unversöhnlich, Verleumder, unenthaltsam, grau-
sam, das Gute nicht liebend,

4 Verräter, unbesonnen, aufgeblasen, mehr das Vergnügen
liebend als Gott,

5 die eine Form der Gottseligkeit2 haben, deren Kraft aber
verleugnen. Und von diesen wende dich weg!

6 Denn von diesen sind die, die sich in die Häuser schlei-
chen und lose Frauen3 verführen - die4 mit Sünden bela-
den sind, von mancherlei Begierden getrieben werden,

7 immer lernen und niemals zur Erkenntnis der Wahrheit
kommen können. -

8 Auf die Weise aber wie Jannes und Jambres Mose wi-
derstanden, so widerstehen auch sie der Wahrheit, Men-
schen, verdorben in der Gesinnung6, im Blick auf den
Glauben unbewährt.

9 Sie werden aber nicht weiter vorwärtskommen, denn ihr
Unverstand wird allen offenbar werden, wie es auch bei
jenen der Fall war.

Diese Prophezeiung scheint Heute einzutreffen.

Aber auch das es gute Menschen geben wird die sich versuchen selbst unter Druck den Fußstapfen Jesu nachzufolgen.

Ich habe so das Gefühl, das Heute relativ wenig Menschen selbst denken, denn Sie sind dermaßen in ihrem Trott eingebunden das Ihnen eigentlich auch gar keine Zeit mehr bleibt, um zur Besinnung zu kommen.

Zugegebener Maßen ist es heutzutage auch sehr schwer gemäß den Geboten der heiligen Schrift zu leben und viele Menschen haben sich auch innerlich von Gott abgewandt.

Für diese Menschen ist er nur noch interessant, wenn Sie ein schlimmer Schicksalsschlag trifft dann fangen sogar Atheisten an zu beten.

Ich möchte dies hier keineswegs verurteilen, aber was ist denn, wenn das Leben der betreffenden Person von einem unausweichlichen "Schicksal" bewahrt wurde?

Dann wird der liebe Gott wieder zurück in den Schrank gestellt nur wenige Menschen zeigen sich aufrichtig dankbar, bedenken ihre Handlungsweise und ändern radikal ihr Leben.

Ein Leben mit der Gewissheit das man eine Tochter oder ein Sohn des Höchsten sein darf, sollte einen anspornen sein Bestes zu geben!

Meinst du nicht auch?

Aber vergeudet man sein Leben eigentlich nicht, wenn man nicht versucht erfolgreich zu sein und anderen Menschen hilft es auch wenigstens zu versuchen?

Ich möchte dir dazu (natürlich wie immer) eine Bibelstelle zeigen:

Verlass dich auf den Herrn von ganzem Herzen,

und verlass dich nicht auf deinen Verstand,

sondern gedenke an ihn in allen deinen Wegen,

so wird er dich recht führen.

Sprüche 3:5-6

Also wenn du erfolgreich sein möchtest und das will ja auch eigentlich jeder Mensch, auch wenn die meisten lieber auf den Lottogewinn warten oder das sich Ihnen eine günstige Gelegenheit bietet ja dann... dann gibt es nur eine Sache, du musst an dich glauben und an deinen Traum.

Gott hat versprochen das er dir helfen wird und wer kann schon gegen Gott bestehen-also kannst du nur gewinnen aber du musst es auch wollen.

Des Menschen Wille ist sein Königreich.

Gott möchte dass du glücklich und erfolgreich bist und er ist immer bereit dir zu helfen vergiss das niemals!

Kapitel 14)

Was ist denn eigentlich Frieden und Gelassenheit wie bekomme ich ihn?

Er aber, der Herr des Friedens, gebe euch Frieden allezeit und auf alle Weise. Der Herr sei mit euch allen!

2 Thessalonicher 3:16

Vielleicht ist dir auch schon einmal aufgefallen, wie schwer es ist mit allen Menschen in Frieden zu leben, da es ja einige davon sich die allergrößte Mühe geben "Ihr Ding" durchzuziehen egal ab es grade 22 Uhr ist, wenn ich mit der Bohrmaschine nur ein paar Schrauben in die Wand treiben will oder wenn dir mal wieder die Tür vor der Nase zugeschlagen wird, dein Abstand zum Vorgänger auf der Autobahn wieder auf die Hälfte reduziert wird so dass du vielleicht noch eine Vollbremsung hinlegen musst.

Allerdings glaube ich auch, dass dieses Verhalten den anderen gegenüber, Ihnen selbst eigentlich gar nicht bewusst ist.

Sie tun es nicht aus bösem Willen, sondern aus Gedankenlosigkeit, was natürlich trotzdem verheerende Folgen haben kann.

Vielleicht hilft dir diese Erkenntnis den Menschen zu vergeben, nicht damit die anderen sich besser fühlen, sondern damit du deinen inneren Frieden bewahren kannst.

Meinst du nicht auch dass sich Jesus oftmals innerlich den Kopf geschüttelt hat, was seine Apostel teilweise für Gedankengänge hatten?

Hier nur mal ein kurzes Beispiel dazu.

Seine Jünger stritten sich, wer denn im Königreich zu rechten oder zur linken des Herrn sitzen durfte.

Dies war eine bevorrechtigte Stellung die nach weltlichem Standard also erstrebenswert war und demjenigen eine besondere Position zukommen ließ.

"Ich bin der Größte!" mögen sie sich dabei gedacht haben nur sah das Jesus ganz anders er sagte die Sitzverteilung käme ihm nicht zu.

Da trat zu ihm die Mutter der Kinder des Zebedäus mit ihren Söhnen, fiel vor ihm nieder und bat etwas von ihm. Und er sprach zu ihr: Was willst du? Sie sprach zu ihm: Lass diese meine zwei Söhne sitzen in deinem Reich, einen zu deiner Rechten und den andern zu deiner Linken. Aber Jesus antwortete und sprach: Ihr wisst nicht, was ihr bittet. Könnt ihr den Kelch trinken, den ich trinken werde, und euch taufen lassen mit der Taufe, mit der ich getauft werde? Sie sprachen zu ihm: Jawohl. Und er sprach zu ihnen: Meinen Kelch sollt ihr zwar trinken, und mit der Taufe, mit der ich getauft werde, sollt ihr getauft werden; aber das sitzen zu meiner Rechten und Linken zu geben steht mir nicht zu, sondern denen es bereitet ist von meinem Vater.

Matthäus 20

Eigentlich war dies eine ganz schön vermessende Bitte, denn nur der Gastgeber hatte das Recht den Betreffenden zu bitten sich neben Ihn zu setzen und das war eine ganz besondere Ehre.

Selbst die Apostel Christi waren so, in der weltlich Handlungsweise verstrickt das sie Jesus immer wieder daran erinnern musste damit aufzuhören.

Nun leben wir im Jahr 2018 und es hat sich eigentlich nichts verändert.

Also höre auf der Welt nachzulaufen und sei du selbst!

Kapitel 15)

Was sind eigentlich Sorgen und Ängste die uns plagen?

Seien wir doch einmal ehrlich mit uns selbst.

Wer kennt denn nicht Sorgen und Ängste?

Wir wissen zwar was Gott uns verheißen hat aber fühlen wir uns auch immer würdig?

Sorgt euch um nichts, sondern in allen Dingen lasst eure Bitten in Gebet und Flehen mit Danksagung vor Gott kund werden! Und der Friede Gottes, der höher ist als alle Vernunft, wird eure Herzen und Sinne in Christus Jesus bewahren.

Philipper 4:6-7

Auch die Prägung der Eltern und Großeltern spielt natürlich eine Rolle, auch wenn es sich vielleicht seltsam anhört. Sogar der Kindergarten und die Schule in der wir als Kinder die meiste Zeit verbringen dient eher zu einem wiederkäuen von vermeintlichen Wahrheiten die Und aufgezwungen werden, die aber der Lehre der Bibel widersprechen.

Ich meine die Evolutionstheorie die bis zum heutigen Tag eine Theorie geblieben ist, da es keinerlei Beweise dafür gibt und das die Bindeglieder fehlen

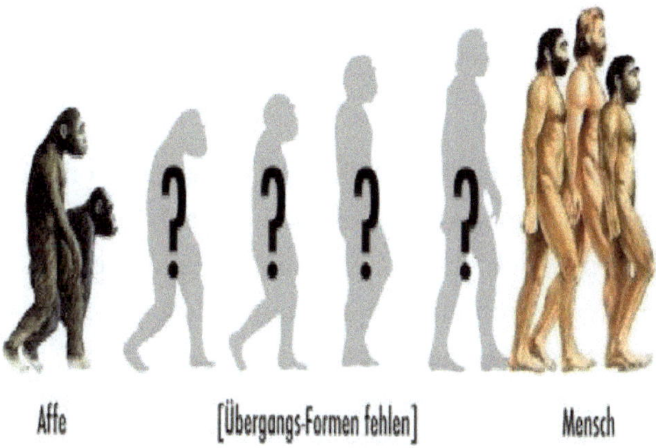

da diese nicht auf echten Tatsachen beruht.

Wir als aufrechte Christen glauben dem Worte Gottes und sind überzeugt, dass die Schöpfung und somit die Bibel als dem Worte Gottes die Wahrheit ist.

Aber wenn man das in einer Klausur schreibt, ist man entweder durchgefallen oder man hat eine schlechte Note.

Deswegen ist es auch so schwer das Wort Gottes gegen die zu verteidigen die diese entweder nicht verstehen oder verstehen wollen. Das schwächt natürlich trotzdem unseren Glauben, der wer möchte schon der spinnerte Außeneiter sein?

Wir alle wollen doch anerkannt und geliebt werden was ja auch normalerweise völlig normal ist.

Doch sind viele Dinge in unserem täglichen Leben nicht gemäß der heiligen Schrift.

Dort wird niemals von dem Osterhasen, dem Vater oder Muttertag oder dem beliebtesten aller Feste, nein ich meine jetzt nicht Halloween, sondern Weihnachten gesprochen denn diese Feste sind nicht biblischen Ursprungs.

Der Glaube soll uns davor bewahren kraft und mutlos zu sein und uns anspornen es Gott gleich zu tun oder wenn man lieber mag unserem Herrn Jesus Christus nachzufolgen.

„Wirf deine Bürde auf Jahwe und er selbst wird dich stützen. Niemals wird er zulassen, dass der Gerechte wankt"

Psalm 55:22

Um es einmal ganz kurz zu erklären. Eine Bürde ist etwas was man sich oder den Tieren um den Hals gelegt wird um schwere Lasten zu tragen und die Menschen der früheren Zeitalter konnten mit diesem Begriff noch etwas anfangen.

Heute wissen nur noch einige Bauern was damit gemeint ist.

Da der Traktor die Tiere verdrängt hat.

Wenn wir also die Bürde auf Gott werfen sollen, dann heißt, dass das er persönlich uns beim Tragen helfen wird.

Ich habe da vielleicht einmal eine Veranschaulichung für dich.

Es gibt viele Menschen die tragen einen Sack mit sich herum, und zwar mit Ärger, Groll, Verletzungen und vielem mehr.

Wie viele Männer um die 40 oder 50 Jahre bekommen einen Herzinfarkt oder ein Burnout Syndrom.

Wo meint, ihr denn kommt das her?

Der Körper kann einfach nicht mehr und diese Menschen wollen manchmal trotzdem nicht loslassen bis Sie buchstäblich zusammenbrechen.

Deswegen rät Gott und ich dir lass endlich los.

Jetzt wirst du vielleicht fragen ja wie denn?

Vergebung ist das Zauberwort und unser Rat.

Vergib anderen und auch dir wird vergeben werden.

Denn wenn ihr den Menschen ihre Verfehlungen vergebt, so wird euch euer himmlischer Vater auch vergeben.

Matthäus 6:14

Tue es einfach und sieh, was passieren wird!

Kapitel 16)

Was ist denn eigentlich negatives denken und wie kann ich mein Denken positiv verändern?

Negatives denken-ich nein niemals!

Da irrst dich aber gewaltig!

Jeder Gedanke den du denkst, hat eine Frequenz ähnlich wie beim Fernsehen oder dem Radio.

Klingt seltsam, ist aber wirklich so und es macht auch durchaus einen Sinn.

Ich möchte jetzt nicht mit das Gesetz der Resonanz kommen, das besagt das alles zu dir zurückkommt was du ausgesendet hast aber es lässt sich nicht leugnen, dass es tatsächlich so ist.

Du kennst vielleicht das Sprichwort:

"Wie man in den Wald hineinruft so schallt es heraus!"

Das genau ist der Punkt oder das hüpfende Komma wie es der leider schon verstorbene Komiker Heinz Erhardt es so treffend darstellte.

Negatives denken:

Das klappt ja sowieso nicht, ich bin zu alt, ich bin zu schwach, das verstehe ich nicht, das kann ich niemals sind alles Negative Glaubenssätze die in dein Unterbewusstsein eindringen immer und immer wieder und was meinst du denn, was die Reaktion auf diese nennen wir sie einfach mal Gebete ist?

Du bekommst das geliefert, was du auch bestellt hast!

Verstehst du? Ändere deine Einstellung zu allem und du bekommst das geliefert, was du bestellt hast.

Erfolg, Reichtum, Freude und Glück.

Denken ist die schwerste Arbeit, die es gibt. Das ist wahrscheinlich auch der Grund, warum sich so wenige Leute damit beschäftigen.

Henry Ford

Vielleicht verstehst du jetzt endlich, was sich ändern muss.

Deine Denkweise.

Sieh doch nicht alles immer so in Schwarz und Weiß es gibt doch so viele Farben.

Hast du als Kind viel Fantasie gehabt und hat dir vielleicht das Malen besonders viel Freude bereitet?

Jetzt bist du erwachsen geworden und hast deine kindliche Fantasie vergessen.

Ein Lied was ich sehr passend finde, hat die Gruppe PUR gesungen:

Abenteuerland

Wenn du es dir es einmal anhörst, dann weißt du genau was ich meine.

Der Eintritt kostet den Verstand...

Die Batterien sind leer, oh ich sehe den Weg nicht mehr..

Die Fantasie ist eine wunderbare Eigenschaft und wie schon der Professor Einstein meinte:

Imagination wichtiger ist als Realität!

Kein Gegenstand, ob Auto, Rasierer oder auch Haus ist erfunden worden ohne Fantasie.

Zuerst war der Gedanke, dann kam vielleicht die Eingebung dazu dann eine Form oder Zeichnung und dann erst das Produkt.

Also fang doch einfach mal an zu spinnen, wer weiß was dann passieren kann.

Ich wünsche dir auf jeden Fall wieder einen kindlichen Wunderglauben.

Kapitel 17)

Was ist denn eigentlich echter Wohlstand und wie kann ich ihn wirklich erlangen?

Geld allein macht nicht glücklich.

Es gehören auch noch Aktien, Gold und Grundstücke dazu.

Danny Kaye

Soviel mal als humoristische Einlage

Wohlstand das ist auch so ein Begriff den jeder anders benennen würde.

Für mich bedeutet Wohlstand, dass ich mehr als genug habe um meine Familie gut und sorgenfrei leben zu können.

Ein großes Auto für meine Großfamilie und ein akzeptables Haus wäre mein Traum!

Doch ist es wahrlich nicht nur das Geld allein den Wohlstand bedeutet.

Für mich sind auch liebe Freunde entscheidend und wichtig.

Ebenso ist es schön auch die Welt zu sehen und neue Eindrücke zu gewinnen.

Dazu braucht man jedoch Geld und das ist in der heutigen Zeit für die meisten von Uns leider Mangelware.

Dies zu ändern ist mein ernsthaftes Bestreben.

Erlangen kann man Ihn tatsächlich nur, wenn man auch den festen Willen hat etwas zu verändern oder anders zu machen als andere.

Du musst für deine Vision "brennen" sie muss der Leuchtturm sein, der auf das Meer der Möglichkeiten hinaus strahlt.

Weißt du schon, was du machen wirst? Nein? Dann nimm dir doch einfach mal ein Heft, das du fortan dein Wunschbuch nennen wirst.

Hier wirst du deine Träume und deine Ziele aufschreiben.

Du kannst gerne auch Fotos Miteinbinden denn das Visuelle macht den Wunsch umso realer.

Ziele schriftlich zu fixieren, am besten mit einem schönen Federhalter, sind auch für das Unterbewusstsein wichtig und das es eben selbstgeschrieben ist und nicht am Computer geschrieben.

Denke auch immer wieder daran, dass du einen mächtigen Verbündeten auf deiner Seite hast!

Für alles bin ich stark durch den, der mir Kraft verleiht.

Philipper 4 :13 Die Heilige Schrift

Wenn du an diese Bibelstellen denkst, dann weißt du, dass der Herr dein Gott gütig ist:

Siehe, ich habe in meiner Armut verschafft zum Hause des HERRN hunderttausend Zentner Goldes und tausendmal tausend Zentner Silbers, dazu Erz und Eisen ohne

Zahl, denn es ist sein zu viel. Auch Holz und Steine habe ich geschickt; des magst du noch mehr machen.

1 Chronik 22:14

Jetzt wirst du sicherlich sagen ja, ja das ist alles gut und schön aber wie kann ich, das denn erlangen schließlich lebe, ich schon eine ganze Weile hier auf

der Erde und bis jetzt hat sich nichts daran geändert!

Darauf kann ich dir nur sagen: Befiehl dem HERRN deine Werke, so wird dein Vorhaben gelingen.

Sprüche 16:3

Also nochmal zu mitschreiben, er der Herr ist auf deiner Seite und denke immer daran, das es zu jederzeit Menschen gegeben hat die Reich waren und diese wurden auch in der Bibel erwähnt.

Wichtig ist nur das du deine Mitmenschen nicht übervorteilst oder betrügst, sondern ernsthaft auch an ihrem Wohlergehen interessiert bist.

Er gebe dir, was dein Herz begehrt, und erfülle alles, was du dir vornimmst!

Psalm 20:5

Wenn Gott auch immer negativ von Reichtum spricht, dann weil diese Menschen habgierig waren und das ist etwas ganz anderes.

Wenn du andere Menschen wirklich segnest und Ihnen etwas Gutes tust, dann kommt dieser Segen auch auf dich zurück!

Also erweise dich als ein Segen!

Kapitel 18)

Wie kann ich eigentlich den Zehnten geben und was ist eigentlich der Zehnte?

Der im mosaischen Gesetz geforderte Zehnte sollte etwas sein was du Gott als Form der Dankbarkeit zurückzahlst, für all das Gute was du empfangen hast.

Es war eine Verpflichtung, die aber nicht immer materiell sein muss, sondern dieser Zehnte kann auch sein das du anderen Menschen deine Hilfe anbietest, indem du zum Beispiel für deine kranke Nachbarin einkaufen gehst oder wenn du einem älteren Herrn den Rasen mähst.

All das beinhaltet den Zehnten.

„Ein jeder, wie er es sich im Herzen vorgenommen hat: nicht mit Verdruss oder aus Zwang, denn einen fröhlichen Geber liebt Gott“

(2. Kor 9,8)

Wenn du ein Angestellter oder gar ein Chef bist, dann kannst du auch deinen Zehnten deiner Firma spenden.

Ich finde es sowieso sehr bedauerlich, dass man heute aufgehört hat auch öffentlich vor anderen zu beten.

Ich bete zum Beispiel auch im Restaurant für die Gabe des Essens.

Für mich ist das völlig normal, aber leider sieht man das fast nie.

Auch wenn du jetzt vielleicht den Kopf schütteln magst, ich bewundere die Amish People in Amerika.

Jakob Ammann (12. Februar 1644 in Erlenbach im Simmental; † vor 1730 wohl bei Zellwiller, Elsass) war ursprünglich ein Schweizer Mennonitenprediger, der zum Gründervater der Amischen wurde, die nach ihm benannt sind.*

https://de.wikipedia.org/wiki/Jakob_Ammann

Diese Religionsgemeinschaft kommt aus Deutschland

Diese Menschen leben zwar etwas rückständig was Ihre persönlichen Umstände anbelangt und doch, hat man den Eindruck dass Sie trotzdem glücklicher sind.

Nun sage ich natürlich nicht dass du genauso leben sollst wie diese, denn meiner Meinung nach haben Sie den Spruch Jesu kein Teil der Welt zu sein missverstanden.

„Ich bitte dich nicht, sie aus der Welt wegzunehmen, sondern um dessentwillen, der böse ist, über sie zu wachen. Sie sind kein Teil der Welt, so wie ich kein Teil der Welt bin“

(Johannes 17:15, 16)

Das sollte also nicht heißen das Sie unter keinen Umständen einen Traktor haben dürfen oder elektrischen Strom oder ein Auto.

Jesus meinte, dass Sie sich von den gottlosen Menschen fern halten sollten, die es ja bis zum heutigen Tag gibt.

Ich habe schon mehrere Filme über diese Menschen gesehen und ich war ehrlich vor der Herzlichkeit und dem vernünftigen Umgang untereinander doch recht beeindruckt.

Zwar gibt es auch unter den Amish People Menschen oder Ordnungen wie Sie es nennen die etwas über das Ziel hinausschießen, wenn etwas die Kleidung oder das Aussehen der Wohnung oder des Hauses betrifft. Also man sieht durchaus das es immer und überall schwierig ist den richtigen Weg zu erkennen.

Extremismus finde ich immer verwerflich und fragwürdig deswegen prüft immer wieder, ob ihr im Glauben seid.

Ich finde es wichtig die Heilige Schrift zu studieren und seinen Verstand trotzdem nicht auszuschalten und seinem Herzen zu folgen.

Möge Gott euch alle segnen!

Kapitel 19)

Was ist denn eigentlich Erfolg und wie kann ich ihn erreichen und was ist wahrer Erfolg?

Denn wenn Gott einem Menschen Reichtum und Güter gibt und lässt ihn davon essen und trinken und sein Teil nehmen und fröhlich sein bei seinem Mühen, so ist das eine Gottesgabe. Denn er denkt nicht viel an die Kürze seines Lebens, weil Gott sein Herz erfreut.

Prediger 5:18/19

Sei bitte einmal ganz ehrlich. Segnest Du alle Menschen die Dir Tag ein Tag aus begegnen? Warum ich Dich das frage? Deswegen:

Vergeltet nicht böses mit Bösem oder Scheltwort mit Scheltwort, sondern segnet vielmehr, weil Ihr dazu berufen seid, auf dass Ihr Segen erbt.

1 Petrus 3:9

Denn wer andere segnet, der wird selbst gesegnet werden deswegen.

Von heute an bitte ich Dich versuche es.

Sicherlich ist es am Anfang schwer weil Du es erst erlernen musst da Dir das keiner vorgelebt hat aber sei, dessen gewiss Du wirst es merken.

Wenn Du mal so in Dich gehst und nach Deinem Weg suchst vielleicht auch unter Gebet, dann könnte es sein das Dir eine Eingebung den richtigen Weg zeigt.

Gott flüstert, also sei wachsam.

Manchmal sind es auch andere Menschen die Dir Gottes Botschaft übermitteln ohne dass sie es wissen, vielleicht auch in Form von Kritik.

Sei nicht darüber erzürnt, sondern nimm es dankbar an.

Wie Du ja weißt, bist Du ein gottähnliches Wesen, deswegen arbeitet der Herr auch durch Dich und stellt Dir nicht alles sofort zur Verfügung.

Erfolgreiche Menschen tun etwas was andere nicht gerne tun.

Sie treffen Entscheidungen.

Die anderen tun es eben nicht da lauft der eine Tag wie der andere ab.

Die meisten Menschen sterben als Kopien,

während sie als Originale geboren sind.

Ernst Elias Niebergall

Entdecke Dein wahres Potenzial durch Deine Hingabe und Deinen Glauben!

Ich vermag alles durch den, der mich mächtig macht.

Philipper 4:13

Was wollen wir nun hierzu sagen? Ist Gott für uns, wer kann wider uns sein?

Römer 8:31

Wenn Du diese Bibelstellen jetzt so liest, ist es doch eigentlich so dass Du nicht versagen kannst, wenn Du nur daran glauben würdest!

Viele Menschen glauben an den Zufall oder das Glück, wenige Menschen glauben an die Ursachen und seine Wirkung!

Weißt Du eigentlich, wo der Begriff Beruf herkommt?

Von Berufung aber lebst Du wirklich gemäß dieser?

Ist Dein Job für Dich wirklich die Erfüllung bei der Du Dich voll einbringst und die Dir von ganzem Herzen Freude bereitet?

Oder ist es eben nur ein Job um das Lebensnotwendige zu verdienen?

Wenn Du nur Dein Denken zusammen mit Deinem handeln in Übereinkunft bringst, so wird Dir ebenfalls nichts unmöglich sein.

Versuche es.

Ich habe da mal ein praktisches Beispiel zum Thema Fokus.

Wie Du vielleicht weißt, ist es merkwürdig, wenn Du etwas Bestimmtes suchst, sei es einen Menschen mit dem Du Dein Leben verbringen möchtest Du aber allein bist, dann siehst Du nur Pärchen, wenn Du eine Frau bist, die gerne schwanger sein möchte dann siehst Du nur schwangere Frauen.

So ist das mit dem Fokus.

Alles andere wird ausgeblendet.

Also fokussiere Dich auf Deinen Wunsch und alles andere wird Dir zugefügt werden.

Kapitel 20)

Was ist denn eigentlich Arbeit und ist eigentlich jeder Arbeit Erfolg bringend?

Befiehl dem HERRN Deine Werke,

so wird Dein Vorhaben gelingen.

Sprüche 16:3

Die Frage hierzu ist, verhältst Du Dich gemäß dieser Bibelstelle?

Das ist heutzutage gar nicht mehr so einfach, weil der Glaube von allen Seiten geschwächt wird und weil manchmal auch das Elternhaus und die Einrichtungen des Staates nicht gerade den Glauben an Gott fördern eher im Gegenteil.

Wer heute öffentlich bekennt, dass er gottesfürchtig ist der wird nur mühselig belächelt.

Darum ist es aus meiner Sicht auch sehr hilfreich sich Biblische Filme anzusehen damit Dein Glaube gestärkt wird.

Link hier:

https://www.scm-shop.de/filme.html

Da wird bewiesen, dass man auch Heutzutage seinen Glauben beweisen kann.

Ich sehe mir diese Filme auch gerne an und stelle mir vor wie ich in der ein oder der anderen Situation handeln würde.

Und bitte glaube mir, es ist nicht immer einfach seinen Glauben zu beweisen.

In den einen Film war ein Feuerwehrmann, der einem Sterbenden zu Jesus Christus führte bevor dieser verstarb.

Die Ehefrau des Mannes hat ihn deswegen verklagt. Vor der Gerichtsverhandlung sagte die gegnerische Anwältin zu Ihm, er solle sich bei der Frau des Verstorbenen entschuldigen worauf dieser antwortete: "Warum?" Ich habe nichts Verwerfliches getan!"

Da sagte, Sie zu Ihm was für ein Narr er sei und in der Gerichtsverhandlung wurde er nicht nur entlassen, nein darüber hinaus würde er alle Pensionsanteile verlieren.

Er war jetzt also nicht mehr nur arbeitslos, sondern hatte auch keine Rentenansprüche mehr.

Jetzt kam es auf einer Brücke zu einem schrecklichen Unfall, bei dem der Wagen der Anwältin in Brand geriet und er rettet die Frau worauf sie ihn fragte, warum er, das denn getan hat obwohl sie es war die Ihn alles genommen hatte. Er antwortete: "Ich bin ein Feuerwehrmann. Das ist mein Job!"

Der Film heißt Woran glaubst Du?

Link zur Vorschau:

https://www.moviepilot.de/movies/woran-glaubst-du

Aber bitte Taschentücher bereithalten!

Wie weit würdest Du für Deinen Glauben gehen?

Bis in den Tod?

Wer sein Leben liebt, verliert es; und wer sein Leben in dieser Welt hasst, wird es zum ewigen Leben bewahren.

Johannes 12:25

Kapitel 21)

Was ist denn eigentlich Selbstliebe und wie kann ich lernen mich selbst zu lieben?

Du sollst Deinen Nächsten lieben wie Dich selbst. Kein anderes Gebot ist größer als diese beide.

Markus 12:31

Selbstliebe ja was ist Selbstliebe eigentlich?

Liebe ich mich wirklich selbst?

Fühle ich mich denn wirklich als ein Geschöpf, ob Mann oder Frau die von Gott geliebt wird?

Bist Du nicht der Mensch, der mit sich die meiste Zeit verbringt?

Denn nicht Engeln hat er den zukünftigen Erdkreis unterworfen, von dem wir reden; es hat aber irgendwo jemand bezeugt und gesagt: "Was ist der Mensch, dass Du seiner gedenkst, oder des Menschen Sohn, dass Du auf ihn achtest? Du hast ihn ein wenig unter die Engel erniedrigt; mit Herrlichkeit und Ehre hast Du ihn gekrönt.

Hebräer 2:5-7

Kannst Du eigentlich ermessen was das für eine bevorrechtigte Stellung ist?

Ein wenig unter die Engel erniedrigt kannst Du Dir die Macht eines Engels auch nur vorstellen?

Und wir sind nur ganz kurz darunter.

Den Gott hat dem Menschen die Erde anvertraut und nicht den Engeln.

Du kennst doch sicher erfolgreiche Menschen die es geschafft haben dass diese außer dem Reichtum noch einen berühmten Namen haben in der Welt.

Warum solltest Du weniger wert sein als diese?

Ja ist doch kein Wunder, der ist ja viel beliebter als ich und viel besser aussehender und gescheiter.

Warum meinst Du, ist das so?

Fakt ist er oder Sie ist auch nur ein Mensch.

Mit allen Fehlern oder Schwächen.

Nur hat er oder Sie haben es erkannt, dass es da eben noch mehr gibt.

Glaubst Du, dass sich diese Menschen selbst herabwürdigen oder selbst hassen?

Warum sollten Sie? Warum solltest Du?

Auch Du bist einzigartig, kein anderer Mensch gleicht Dir jedenfalls völlig.

Man sagt ja, das jeder Mensch auf dieser Welt einen Doppelgänger hat , das ist mir auch schon passiert nicht das ich meinem Doppelgänger jemals gegenüberstand, aber andere haben mich angesprochen, obwohl ich diese Personen noch niemals gesehen habe. Als ich das Missverständnis aufgeklärt hatte sagten diese Personen, dass ich eine ungeheure Ähnlichkeit mit jemand anderem habe.

Aber eines würde mich trotzdem und ganz zweifelsfrei von meinem Doppelgänger unterscheiden. Meine Fingerabdrücke und mein Wesen.

Denn selbst Eineiige Zwillinge sind nicht völlig gleich, obwohl sie einander wirklich sehr stark ähneln.

Wichtig ist das Du auch nur ein Mensch bist, der gelegentlich auch Fehler macht und hoffentlich daraus eine Lehre zieht, wie auch viele andere Menschen.

Deswegen ist es hilfreich auch Dir selbst zu vergeben. Kein Mensch ist wirklich perfekt. Keiner.

Gott möchte nicht das Du ein Leben der Tristesse oder der Einsamkeit führst, er will Dich glücklich und gesund und hoffnungsvoll sehen.

Es ist besonders wichtig Dir kurz vor dem Einschlafen zu suggerieren das Du ein Geschöpf Gottes bist, das Er in Dir wohnt und Dir Frieden schenkt. Gott weiß wer Du bist und er wacht über

Dich. Er liebt Dich, selbst wenn Du es nicht tun solltest.

Aber Du hast ja von mir erfahren, dass Du es tun solltest :-)

In der Phase kurz vor dem Einschlafen tritt der Verstand zurück und das Unterbewusstsein, das alle lebenswichtigen Prozesse im Körper steuert, übernimmt dann die Kontrolle.

Denke auch immer daran was in Römer 8:31 geschrieben steht:

Wenn Gott für uns ist, wer ist gegen uns?

Also wenn Du gläubigen Herzen bist, wer sollte Dich hindern Gutes zu tun?

Manche Menschen finden es hilfreich sich Zettel zu schreiben die Sie überall im Zimmer verteilen.

Entweder Sie schreiben dort positive Bibelstellen auf der Worte der Selbstermunterung.

Ich kann das, Ich schaffe das, Ich bin unbesiegbar.

Wenn Du natürlich mit einer negativen Meinung über Dich durch das Leben ziehst dann wird Dir auch dieser Wunsch erfüllt.

Sage also niemals zu Dir "Ich bin wertlos, Niemand liebt mich, es ist alles hoffnungslos"

„Liebliche Reden sind eine Honigwabe, süß für die Seele und Heilung für das Gebein."

Sprüche 16.24

Deine Worte und auch Deine Gedanken haben Macht denke immer daran!

Kapitel 22)

Wissen wir eigentlich warum wir hier sind und welche Mission wir eigentlich haben?

Hast Du Dich schon einmal gewundert dass ein Grashalm eine Meterdicke Asphaltschicht durchbricht?

Ein Grashalm zaubert den Frühling nicht herbei. Aber so viel Kraft hat er, um mit seinem Leben den toten Asphalt zu durchbrechen.

Eine Wüste kann ich nicht an einem Tag verändern. Aber anfangen kann ich mit einer Oase.

Phil Bosmans

Also wenn das ein kleiner Grashalm vermag was kannst Du, dann ausrichten, wenn Du es nur willst?

Du hast bestimmt schon von dem Gesetz der Polarität gehört.

Aktion Reaktion, Hell-Dunkel, Freude-Leid, Fröhlichkeit-Trauer usw.

Also positives und negatives.

Der Mensch besteht aus 3 Ebenen

Körper - Geist - Seele

Der physische Körper, also Haut und Knochen, der Geist das Bewusstsein und das Unterbewusstsein die Seele.

Laut Bibel ist die Seele ja die von Gott eine gehauchte Lebenskraft.

Dass die Seele unsterblich sein soll ist demzufolge unbiblisch.

Nichtsdestotrotz sind wir Menschen auf dieser Erde um unsere Bestimmung zu erfahren und andern zu helfen Gott zu erkennen.

Manche Menschen sagen das man Gott nicht sehen kann, das ist war aber kannst Du den Wind sehen?

Nein man kann ihn nicht sehen aber man kann ihn spüren.

Kann man den elektrischen Strom sehen?

Nein man kann nur die Auswirkungen erkennen zB die von Licht oder Kraft.

Man kann aber die Schöpfung sehen. Die Erde, die Tiere den Mond die Sonne.

Seit Erschaffung der Welt wird nämlich seine unsichtbare Wirklichkeit an den Werken der Schöpfung mit der Vernunft wahrgenommen, seine ewige Macht und Gottheit. Daher sind sie unentschuldbar.

Römer 1:20

Unsere Mission ist neben der Verkündigung der guten Botschaft (Evangelium) das wir uns mit Gott versöhnen.

Da Taten lauter sprechen als Worte ist also unsere Tätigkeit in Bezug auf andere Menschen durchaus von Belang.

Heutzutage ist man eher einem Wohlhabenden geneigt zu folgen als einem armen Arbeiter.

Das heißt natürlich nicht dass es klug wäre das zu tun, aber viele Menschen sind nun einmal so.

Das unnachahmliche Beispiel dafür ist natürlich Jesus Christus.

Er war ein armer Mann und man lehnte ihn deswegen auch ab.

Er war der Allerverachteteste und Unwerteste, voller Schmerzen und Krankheit. Er war so verachtet, dass man das Angesicht vor ihm verbarg; darum haben wir ihn für nichts geachtet.

Jesaja 53:3

Der Spruch: Haste was, dann bist Du, was ist ebenso verhängnisvoll wie menschlich.

Die von Gott gebotene Nächstenliebe ist fast völlig von dieser Erde verschwunden.

Es ist ja auch wesentlich leichter zu hassen, als zu lieben.

Denn Liebe setzt Aktivität voraus, ich muss etwas tun während essen Hass nichts für andere tut, außer sie zu verurteilen.

Es ist zugegebener Massen nicht leicht ein Gott erfülltes Leben zu führen aber es ist wenigstens den Versuch wert.

Ladet alle Eure Sorgen bei Gott ab, denn er sorgt für Euch.

1 Petrus 5:7

Du bist niemals allein, sei Dir dessen bewusst!

Kapitel 23)

Was ist denn eigentlich persönliches Wachstum und was ist damit eigentlich gemeint?

Wie würdest Du diese Frage wohl beantworten?

Es ist unbedingt nötig dass Du von jetzt ab Dein Denken komplett veränderst.

Hast Du vielleicht einen Traum? Lebst Du ihn?

Dazu musst Du als allererstes deine negatives Denken sein lassen ich weiß, das ist gar nicht so einfach aber bekanntlich macht ja Übung den Meister.

Die meisten Menschen leben in der Vergangenheit und bestenfalls im Jetzt aber das bringt einen leider nicht wirklich vorwärts.

Du solltest eines nicht vergessen die Zeit schreitet immer weiter voran und Dein neues Handy auf das Du so stolz bist, ist in spätestens 3 Monaten nicht mehr Up to Date.

Bist Du vielleicht noch ein Mensch der Briefe schreibt?

Na dann meinen Glückwunsch denn das tut heute kaum noch jemand.

E Mails haben diese Art zu schreiben ja größtenteils schon verdrängt.

Das wäre auch eine Marktlücke zB romantische Liebesbriefe schreiben..

Auch wenn es als schwierig erscheint, auch Glück und Zufriedenheit sind erlernbar.

Ich hatte Dich schon einmal aufgefordert Dir ein schönes Heft zu kaufen und dann mit einem schönen Stift Deine Träume einzutragen.

Ich empfehle Dir sogar Tagsüber ein kleines Notizbuch mitzunehmen und Deine Gedanken niederzuschreiben, und zwar ohne Wertung einfach nur Gedanken die Dir in den Sinn kommen.

Das können Ideen sein oder Verbesserungsvorschläge das können auch Rezepte sein oder ähnliches.

Es gibt zwar schon alles in der Welt, aber es gibt immer noch Verbesserungen aller Art.

Das Fahrrad wurde 1853 erfunden und bis heute gibt es tausende von Verbesserungsvorschlägen, die man jetzt kaufen kann.

Es gibt Damen und Herren-, Holland-,Renn-, Mountain- und Tandems.

Also alle Variationen des Rades.

Heutzutage hat man sogar schon einen elektronischen Antrieb der ein Fahrrad bis zu 45 km/h schnell machen kann.

Menschen haben manchmal erst nur eine Idee und sprechen dann mit Ihren Verwandten oder guten Freunden darüber dann entwerfen sie vielleicht eine Skizze und dann wird diese Vision umgesetzt.

Es gibt nichts, was es nicht gibt.

Das ist unmöglich sagten alle, dann kam jemand daher der, das nicht wusste und tat es einfach.

Lebenssprüche

Es gibt keine Grenzen für den Geist, man muss es nur zulassen.

Kapitel 24)

Was ist denn eigentlich damit gemeint meine persönlichen Beziehungen verbessern und anderen Menschen Liebe zu erweisen?

Die Frucht aber des Geistes ist Liebe, Freude, Friede, Geduld, Freundlichkeit, Güte, Treue, Sanftmut, Keuschheit; gegen all dies steht kein Gesetz.

Galater 5:22-23

Alle Eure Dinge lasst in der Liebe geschehen!

1 Korinther 16:14

Das hört sich so leicht an Liebe zu spenden, aber es ist gar nicht so leicht wie es scheint.

Wenn Du wie ich schon 20 Jahre verheiratet bist dann gab es nicht nur gute Zeiten aber das macht die Treue, aus die man sich geschworen hat.

Ist es immer leicht seinen Partner die Kinder oder die Freunde zu lieben?

Nun gibt es natürlich auch viele Arten der Liebe, aber sie alle brauchen wie eine Pflanze die gedeihen soll eine schöne Umgebung und Nahrung und nicht zu vergessen das wärmende Licht der Sonne.

Man hat in Untersuchungen festgestellt das sogar einfache Hauspflanzen Gefühle haben.

Das glaubst Du mir nicht?

Dann schlage ich Dir mal ein Experiment vor.

Du nimmst 2 Pflanzen der gleichen Art und zu der einen sagst Du nur böse Worte wie z-B *"Ich hasse Dich"* zu der anderen Pflanze sagst Du nur *"Ich liebe Dich"* nun warte ein paar Tage ab und erkennen den Unterschied.

Dann wirst Du nie wieder böse Worte sprechen oder denken das verspreche ich Dir.

Liebe zu erweisen schließt aber auch Nachbarn und all die Menschen mit ein die mit einem Umgang haben.

Je mehr Menschen Du in Deinem Umfeld segnest, desto mehr Segen kommt auch auf Dich zurück.

Versuche es doch einmal.

Es war einmal ein You Tube Blogger der traf einen Wohnungslosen der schlief und steckte ihm 500 Dollar in einem Kuvert in die Tasche mit der Bitte er möge sich doch etwas zum Leben notwendiges kaufen.

Nun ging der Mann als er erwachte in einen Laden und kaufte sich ein paar neue Sachen, wie es Ihm aufgetragen war.

Dann als der Obdachlose wieder auf seiner Bank saß, setzte sich ein junger Mann neben Ihn und klage ihm sein Leid, das er gerade arbeitslos geworden sei und seine Tochter krank sei und das er sich keinen Arzt leisten konnte, um der Tochter die notwendigen Medizin zu kaufen.

Was tat unser Obdachloser dann?

Es sagte zu dem Mann, er solle kurz hier warten und ging in den Laden zurücktauschte alles um und gab dem Mann das Geld für die Behandlung seiner Tochter.

Dieser war ganz sprachlos und fragte den Obdachlosen warum er das denn tun würde da sagte er zu Ihm dass man Ihm das Geld geschenkt hätte aber, dass er es ja nicht wirklich brauche denn seine Sachen wären noch ganz brauchbar gewesen.

Da nahm der junge Mann das Geld bedankte sich recht herzlich und nach einer innigen Umarmung verschwand dieser dann.

Der Blogger sah dieses und fragte den Obdachlosen warum er denn die Sachen nicht behalten habe und dieser antwortete, dass das Leben des Kindes im mehr wert war als die Sachen.

Da sagte der junge Mann, das er es war der Ihm das Geld zugesteckt hatte und er freue sich das er die menschliche Größe gehabt hat dies zu tun.

Daraufhin gab der junge Mann dem Obdachlosen 1000 Dollar die dieser nicht annehmen wollte und er sagte, dass er es sich redlich verdient hätte und dass Gott ihn segnen würde.

Die Moral von dieser kleinen Geschichte ist wohl einfach die praktizierte Nächstenliebe.

Aber egal wie die Geschichte ausgegangen wäre meinst Du nicht das Gott sich über den Obdachlosen gefreut hat?

Und Jesus setzte sich dem Gotteskasten gegenüber und sah zu, wie das Volk Geld einlegte in den Gotteskasten. Und viele Reiche legten viel ein. Und es kam eine arme Witwe und legte zwei Scherflein ein; das macht zusammen einen Pfennig. Und er rief seine Jünger zu sich und sprach zu ihnen: Wahrlich, ich sage Euch: Diese arme Witwe hat mehr in den Gotteskasten gelegt als alle, die etwas eingelegt haben. Denn sie haben alle etwas von Ihrem Überfluss eingelegt; diese aber hat von Ihrer Armut Ihre ganze Habe eingelegt, alles, was sie zum Leben hatte.

Markus 12, 41-44

Wer hatte also in Wirklichkeit den Segen Gottes für diese Gabe?

Gott hat ein fantastisches Gedächtnis

Er vergisst nie etwas was wir für andere tun.

Vergiss das nie!

Kapitel 25)

Was ist damit eigentlich gemeint Gutes und Böses, Lohn und Strafe?

Ich möchte Dir einmal meine Geschichte erzählen ich bin gelernter Schornsteinfeger von Beruf und ich hatte damals einen Chef dem alles egal war.

Also habe ich mich um fast alles im Betrieb alleine gekümmert.

Die komplette Arbeit, die Terminierung usw.

Mein Chef hat mir lediglich die Rechnungen in die Werkstatt gelegt, das war es schon.

Mit den Jahren wurde ich natürlich immer unzufriedener mit meiner Situation und ich fing an innerlich mit mir zu hadern.

Dann hatte ich etwa ein dreiviertel Jahr später einen schweren Unfall, denn ich war bei Regen vom Dach gefallen und hatte mich schwer verletzt.

Als ich 3 Monate später wieder Arbeiten gehen wollte, kündigte er mich einfach so.

Obwohl ich es nicht verstand denn ich habe ja alles für Ihn getan so ist mir später aufgefallen das ich eigentlich nur noch wegwollte und mein Wunsch wurde mir erfüllt.

Ich habe eigentlich schon in meinem Inneren gekündigt und so wurde diese Kündigung nun auch im außen sichtbar.

Mit der heutigen Erkenntnis kann ich sagen das Gedanken wirklich Realität erzeugen.

Darum sieh Dich bitte vor, was Du denkst.

Vielleicht hast Du schon einmal von 2 Menschen gehört die dieselbe todbringende Diagnose bekommen haben.

Der eine gibt sich dem vermeintlichen "Schicksal" hin und stirbt.

Der andere sagt sich das, ist nur eine Meinung eines Arztes und betet zu Gott um Heilung und ein paar Monate später ist er immer noch am Leben und sein Gesundheitszustand bessert sich von Tag zu Tag.

Wie kann, das sein fragst Du Dich jetzt vielleicht. Darum sage ich Euch: Alles, um was irgend Ihr betet und bittet, glaubt, dass Ihr es empfangen habt und es wird Euch werden.

Markus 11:24

Also egal was Dir im Leben widerfährt glaube an einen positiven Ausgang, so als wäre der erwünschte Zustand schon da.

Das ist natürlich schwerer, als man denkt denn dazu gehört auch Zuversicht, Glauben und Imagination. Aber die gute Nachricht ist, man kann es erlernen, und zwar Tag für Tag.

Wer Unrecht sät, wird Unglück ernten!

Hib 4:8

Was in die eine Richtung geht, also positiv geht natürlich auch in die entgegengesetzte Richtung, also negativ.

Abschließend kann man also sagen dass man sich selbst die Hölle oder den Himmel auf Erden herbei denkt und genauso ist es auch.

Was immer Dir auch passiert die Naturkräfte haben nichts gegen uns persönlich.

Wenn Du ein defektes Kabel anfasst bekommst Du einen Schlag, wenn Du nicht schwimmen kannst und ins Wasser fällst, könntest Du untergehen und sterben und doch hat der See oder das Meer nichts gegen Dich persönlich es ist einfach ein unglücklicher Umstand.

Jene, auf die der Turm in Siloah fiel und sie töteten; meint Ihr, dass sie vor allen Menschen, die in Jerusalem wohnten, Schuldner waren? … Wenn Ihr nicht Buße tut, werdet Ihr alle ebenso umkommen.

Lukas 13,4-5

Es ist heutzutage schwer geworden immer das Rechte zu tun deswegen müssen wir uns auch immer wieder korrigieren.

„Denn der Lohn, den die Sünde zahlt, ist der Tod"

Römer 6,23

Abschließend kann ich Dir aber nur raten Dich von okkultem Dingen fernzuhalten.

Magie und Satanismus, obwohl das Heute gerade bei jungen Menschen wieder in Mode gekommen ist.

Ich bestreite keineswegs dass diese Dinge machtvoll sind, aber um welchen Preis?

Ich glaube nicht dass Du Dich gegen Gott stellen wirst.

Also sein wachsam!

Kapitel 26)

Was ist denn eigentlich, damit gemeint schlafen bringt Rat?

Du wirst sicherlich auch den Rat kennen, gehe erst mal eine Nacht darüber schlafen oder Dir eine Bedenkzeit einzufordern.

Wenn man schläft dann übernimmt das Unterbewusstsein das Kommando und der Verstand geht zur Ruhe.

Deswegen ist es auch hilfreich sich unterschwellige Botschaften während dieser Zeit anzuhören nur sehr leise zwar damit man nicht geweckt wird sondern diese Nachrichten direkt in Dein Unterbewusstsein gelangen.

Es ist eine persönliche Entscheidung was man gerne hören möchte nur um alte Glaubenssätze zu "überschreiben" ist es notwendig, dies immer wieder zu tun sonst ändert sich nichts.

Rituale sind auch zu empfehlen, denn nicht nur kleine Kinder macht es Freude diese durchzuführen.

Der eine betet, der andere meditiert.

Wichtig ist nur das wir erkennen, dass wir nicht alles alleine bewältigen können das brauchen wir auch gar nicht denn wir haben einen Helfer.

Gott hat schon oft seine Visionen im Traum übermittelt.

Beispiele dafür sind Joseph, der Sohn von Jakob; Joseph, der Ehemann von Maria; Salomon; Jesaja; Ezekiel; Daniel; Petrus und Paulus u.v.m.

https://www.gotquestions.org/Deutsch/Christliche-Visionen.html

Meistens um Menschen zu warnen und diese zur Umkehr zu bewegen oder Vorkehrungen zu treffen.

Die Kraft des Betens sollte niemals unterschätzt werden.

Und das ist die Zuversicht, mit der wir vor ihm reden: Wenn wir um etwas bitten nach seinem Willen, so hort er uns.

1 Johannes 5:14

Ich habe einmal mein Portemonnaie verloren und ich habe dann zu mir gesagt das Du (das Unterbewusstsein) weißt, wo meine Geldbörse ist und so war es auch.

Ich erwachte ein paar Stunden später ging zu dem Kinderwagen und fand diese in einer Ablage und dann sage mir bitte noch jemand das das ein Zufall ist.

Das Schöne am Schlafen ist auch das Träumen.

Wann hattest Du zuletzt einen Traum an den Du Dich noch lebhaft erinnerst?

Diese Träume sind selten geworden, stimmt's?

Als Kind war, das ganz andern da bin ich mir sehr sicher.

Wahrlich, ich sage Euch, wenn Ihr nicht umkehrt und werdet wie die Kinder, so werdet Ihr nicht in das Reich der Himmel eingehen.

Matthäus 18:3

Diese Bibelstelle steht nicht ohne Grund in der Bibel denn kleine Kinder haben noch Ihren kindlichen Wunderglauben.

Also versuchen wir unseren Fernsehkonsum, der oftmals reine Propaganda ist, zurückzufahren und lese mehr Bücher.

Es muss ja auch nicht immer die Bibel sein oder ein Liebesroman.

Lesen bildet und macht sogar Spaß so wie mir diese Zeilen hier zu verfassen.

Ich hoffe, dass Du meine Worte wenigstens einigermaßen inspirieren findest, Deine Gewohnheiten zu verändern.

Kapitel 27)

Was ist denn eigentlich damit gemeint? Erkenne Deine Träume!

Wenn Du träumst dann bist Du für die Nachrichten des Unterbewusstseins leichter zu erreichen vorausgesetzt dass Du Dir die Mühe machst und diese auch hören möchtest.

Die Zirbeldrüse die inmitten in das Gehirn verankert ist, ist das sogenannte dritte Auge denn sie enthält auch lichtempfindliche Zäpfchen wie das Auge! Interessant nicht?

Deswegen träumen wir auch in Bildern.

Die Erfahrung mancher Menschen zeigt dass Sie bevor ein schlimmes Ereignis eingetroffen ist eine Botschaft erhalten haben.

Inwieweit diese Nachrichten den betreffenden Menschen diese Nachricht erhalten haben ist immer noch nicht erforscht.

Erhielten diese Bilder oder hörten Sie die Stimme des Unterbewusstseins?

Man sagt, das die letzten Gedanken die man kurz vor dem Einschlafen hat direkt in das Unterbewusstsein sinken.

Manche berichteten, dass sie Warnung in den Träumer immer wieder erhielten da die betreffende Person anscheinend der Warnung nicht gehorchen wollte.

Es kommt auch vor, das sie wenn sie ein Problem haben und dies dem Unterbewusstsein übertragen, dass sie in naher Zukunft eine Antwort erhalten in Gestalt eines Gedankens oder eines Geistesblitzes.

Deswegen ist es natürlich hilfreich, dass sie sich vor dem Einschlafen keine Horrorfilme oder Bücher ansehen.

Denn dann braucht man sich nicht zu wundern das man nicht oder nur sehr schlecht einschlafen kann, denn

Gott hat uns mit einem fantastischen Körper ausgestattet der die Möglichkeit der Selbstheilung in sich trägt.

Nur hat der moderne Mensch mit all den technischen Errungenschaften dieses alte Wissen verloren.

Deswegen rate ich Ihnen lesen Sie Bücher oder schauen sie sich Videos auf You Tube an die sie zu diesem Thema interessieren das ist Tausendmal besser, als sich irgendeinen belanglosen Film anzusehen.

Nutze die Zeit weise denn man weiß letzten Endes nie wie lange man auf dieser Erde verweilt.

Kapitel 28)

Was bedeuten Dir persönlich Deine Gesundheit und Glück?

Ein gesunder Mensch hat 1000 Wünsche, doch ein Kranker hat nur einen!

Unbekannt

Die einzige echte Gerechtigkeit ist die das ein armer Mensch stirbt wie auch der Reiche.

Was möchte ich Dir hier mitteilen?

Deine Zeit auf dieser Erde ist begrenzt und Du weißt nicht was Morgen ist, deswegen lebe im hier und jetzt und erfreue Dich an den Dingen die Dir angenehm sind.

Verschwende keine Zeit:

So sehe ich nun das für gut an, dass es fein sei, wenn man isst und trinkt und gutes Muts ist in aller Arbeit, die einer tut unter der Sonne sein Leben lang, das Gott ihm gibt; denn das ist sein Teil. Denn welchem Menschen Gott Reichtum und Güter gibt und die Gewalt, dass er davon isst und trinkt für sein Teil und fröhlich ist in seiner Arbeit, das ist eine Gottesgabe. Denn er denkt nicht viel an die Tage seines Lebens, weil Gott sein Herz erfreut.

Prediger 5 18:20

Gesundheit ist das höchste Gut denn wenn Du sterbenskrank bist, dann nützt Dir auch der größte Reichtum nichts.

Mit dem Glück ist es ähnlich, was nützt Dir das größte Glück, wenn es Dir zwischen den Fingern zerrinnt?

Ich musste erleben wie meine geliebte Tochter Lydia verstarb und das ist das schlimmste was einem Elternteil passieren kann.

Nein denn ich weiß, das Sie in seinem Gedächtnis ruht und er sich selbst sehnt das Sie wieder zum Leben erwecken kann.

Wie Du siehst haben wir alle Ereignisse die wir mit uns herumtragen und die uns helfen sollen noch bessere, verständnisvollere Menschen zu werden.

Das ist natürlich die härteste Lektion die man lernen muss, aber jetzt weiß ich auch wie Gott sich gefühlt hat als sein geliebter Sohn hingerichtet wurde.

Ich erlaube mir zu behaupten, dass ich den Schmerz nachvollziehen kann und bin trotz allem dankbar, dass sie in meinen Armen und zuhause im Kreise der Familie sterben durfte und nicht im Krankenhaus.

So sehr wir uns gewünscht haben das sie es schaffen würde den Krebs zu besiegen musste etwas in Ihr gewesen sein was eine Heilung unmöglich machte.

Dieses Schicksal wünscht man nicht einmal seinem größten Feind.

Bin ich Gott jetzt böse?

Sie hatte sich aufgegeben und wir standen daneben und konnten nichts für sie tun, als Ihr unsere ganze Liebe zu geben.

Während ich Dir das hier schreibe, habe ich Tränen in den Augen und hoffe inständig das Dir so etwas erspart bleibt.

Wenn Sie doch nur geglaubt hätte das sie wieder gesund werden könnte...

Immer wenn wir an Ihrem Grab stehen sind wir unendlich traurig, weil sie nur 14 Jahre alt geworden ist aber ich weiß von ganzem Herzen das Sie jetzt nicht mehr leiden muss.

Und das wir uns, so Gott will gesund wiedersehen werden.

Kapitel 29)

Was ist denn eigentlich, damit gemeint? Prüfe Deine Entscheidungen!

Eines musst Du Dir bitte immer merken.

Deine Gedanken sind Mächtig und Sie haben Kraft.

Verfluche also niemals einen Menschen Du weißt nicht was passieren kann!

Ich weiß sehr wohl, dass es schwer ist immer nur das Gute in jedem Menschen zu sehen und manchmal kann es sein das Du Deinen Mann oder Deine Frau verfluchst, weil er oder sie einen schweren Fehler gemacht hat oder sich extrem dumm verhalten hat.

Aber selbst das entschuldigt nicht Deine Verwünschung!

Ich möchte Dir einmal eine kurze Geschichte erzählen

Da war einmal eine Frau, die sich Ihre Arbeit mit nach Hause genommen hatte.

Nun hat Ihre kleine Tochter Ihr ständig erzählt, dass sie doch einmal kommen sollte und sich etwas ansehen soll.

Das ging bestimmt 20x mal das die Kleine immer und immer wieder zur Mutter ging und Sie bat doch einmal kurz zu kommen.

Die Mutter war jetzt so genervt, das Sie die Kleine geschubst hat.

Sie viel leider unglücklicherweise gegen die Kante des Tisches und blutete nun stark am Hinterkopf.

Sie verstarb noch in der elterlichen Wohnung.

Also die Mutter später in das Zimmer ging stand da mit Lippenstift etwas krakelig auf einem Spiegel geschrieben:

Mama ich liebe Dich von ganzem Herzen!

Ich möchte nicht in der Haut dieser Mutter stecken das wird Sie sich wohl nie verzeihen!

Es war nur ein Moment, der ein ganzes Leben zerstört hat.

Deswegen sei niemals ungeduldig oder genervt.

Habe immer Zeit für die Menschen, die Du liebst..

Kapitel 30)

Was ist denn eigentlich, damit gemeint erkenne Dein wahres Glück?

Wann ist man eigentlich Glücklich?

Das ist von Mensch zu Mensch verschieden.

Der eine ist nie zufrieden, ein anderer freut sich schön über ein Lächeln oder dem Gesang eines Vogels.

Wahres Glück ist heutzutage sehr schwer zu finden und manchmal wissen wir gar nicht wie gesegnet wir sind weil wir den Blick dafür verloren haben.

Es müssen nicht immer materielle Dinge sein, die uns Glücklich machen aber den meisten ist das übermäßig wichtig, weil Sie kein Selbstvertrauen haben.

Das was andere über Sie denken ist Ihnen wichtiger als Ihre eigene Meinung.

Ist das nicht traurig?

Vielleicht interessiert es den anderen gar nicht was wir alles haben oder auch nicht haben und wir setzen uns und unsere Lieben einem Druck aus der unser Leben aus den Fugen bringen kann.

Was meinst Du denn wo die Herzinfarkte und das Burnout Syndrom herkommen?

Von einer völligen Überlastung des Menschen.

Schlagworte: Geld, Tod, Erbschaft, Reichtum

„Was der Sinn des Lebens ist, weiß keiner genau. Jedenfalls hat es wenig Sinn, der reichste Mann auf dem Friedhof zu sein."

Peter Alexander Ustinov

Das sind sehr tiefsinnige Worte, über die man einmal nachdenken sollte.

Wichtig ist doch nur eines:

Die Liebe.

Alles andere ist doch nur schmückendes Beiwerk.

Die Hawaiianer gelten als das glücklichste Volk auf dieser Erde vielleicht liegt es daran das sie sehr liebevoll und zum Vergeben bereit sind und das schon aus Ihrer frühesten Kindheit an.

„Ho'oponopono" wird im Hawaiian Dictionary[2] als eine geistige Reinigung definiert, als Familienkonferenz, in der zwischenmenschliche Beziehungen durch Gebet, Aussprache, Schuldbekenntnis, Reue und gegenseitige Vergebung wiederhergestellt werden.

Der Begriff ho'oponopono setzt sich zusammen aus der Kausativ-Vorsilbe ho'o- für ,eine Handlung in Gang setzen' und aus dem Wort pono, dessen Grundbedeutung etwa richtig oder Richtigkeit ist.

Jedoch hat pono ein sehr breites Spektrum an Bedeutungen und steht als Substantiv für Güte, Rechtschaffenheit, Moralität, korrekte Handlung, Wohlergehen, Wohlstand, Fürsorge, Nutzen, natürlicher Zustand, Pflicht. Als Adjektiv bedeutet es moralisch, angebracht, richtig, gerecht, anständig, genau, tugendhaft, ordentlich, nützlich, erfolgreich, präzise, angemessen, entspannt, erleichtert. Als Verb heißt, es zudem sollen und müssen. (Als welche Wortart ein Wort fungiert, hängt in der hawaiischen Sprache von der Stellung im Satz ab.)

Die Verdoppelung ponopono bedeutet richtigstellen; in Ordnung bringen, überarbeiten, regulieren, ordnen, berichtigen, aufräumen, sauber machen, etwas ordentlich machen.

https://de.wikipedia.org/wiki/Ho%CA%BBoponopono

Ich habe mir das mal auf eine DVD angesehen und ich war ehrlich beeindruckt.

Manchmal sollte man seinen Horizont erweitern und offenen Herzens auch auf andere Menschen zugehen.

Kapitel 31)

Was ist denn eigentlich, damit gemeint vertraue Deiner inneren Stimme?

Ich habe neulich einen sehr schön gemachten Film gesehen der hieß:

Der Film Deines Lebens

Da ging es um einen Mann, der sein Gedächtnis verloren hatte.

Er wurde in ein Krankenhaus gebracht und hatte eine Vision wie ich es interpretieren würde.

Jemand, den man nicht genau erkennen konnte sprach mit dem Mann.

Er fragte die Person: Wer bist Du? Daraufhin sagte die Person, ich bin Deine innere Stimme.

Und so ging es immer weiter.

Der Mann half anderen Menschen sich selbst zu erkennen und wie Sie Ihr Leben zum besseren ändern würden, wenn sie es nur versuchen würden.

Die innere Stimme, die der Mann hörte war so real wie es sich nur vorstellen konnte.

Leider habe ich meine innere Stimme noch nicht gehört, aber ich arbeite ernsthaft daran.

Und Deine Ohren, sie werden ein Wort hinter Dir sagen hören: „Dies ist der Weg. Wandelt darauf", falls Ihr zur Rechten gehen solltet oder falls Ihr zur Linken gehen solltet.

Jesaja 30:21

Also ist es Deine innere Stimme, die dann zu einem spricht.

Das mag für den Anfang etwas gewöhnungsbedürftig sein, aber im Laufe der Zeit wird es einem immer normaler vorkommen.

Ich fand es besonders bemerkenswert, dass er versuchte zuerst die Probleme der Anderen zu lösen.

Seine ruhige Art war den Menschen sehr angenehm und er forderte sie auch auf die Augen zu schließen und sich Situationen vorzustellen die positiv waren oder aber auch Konfliktsituationen die das Problem des Betreffenden erklärten.

Rufe mich an, so will ich Dir antworten und will Dir kundtun große und unfassbare Dinge, von denen Du nichts weißt.

Jeremia 33:3

Es gibt so unsagbar viele Dinge zwischen Himmel und Erde, die wir nicht erklären können aber es lohnt sich bestimmt es zu versuchen darauf einzugehen.

Gott der Herr spricht uns durch sein Wort an nur zuhören und verstehen wollen, müssen wir noch lernen.

Sollte aber jemand von Euch Mangel an Weisheit haben, so erbitte er sie sich von Gott, der allen ohne weiteres und ohne laute Vorwürfe gibt; dann wird sie ihm zuteilwerden. Nur bitte er im Glauben, ohne irgendeinen Zweifel zu hegen; denn wer da zweifelt, der gleicht einer vom Wind getriebenen und hin und her geworfenen Meereswoge. Ein solcher Mensch darf nicht erwarten, dass er etwas vom Herrn empfangen werde, er, ein Mann mit zwei Seelen unbeständig auf allen seinen Wegen.

Jakobus 1, 5-8

Es heißt auch in der Heiligen Schrift.

Wirf Deine Bürde auf Jahwe niemals wird er zulassen, dass der Gerechte wankt.

Also versuchen wir es einmal.

Kapitel 32)

Was ist denn eigentlich damit gemeint vertraue deiner Intuition?

Vielleicht hast du schon einmal etwas erlebt was dir irgendwie seltsam vorkam,

Meine Frau erzählte mir einmal dass Sie die Reinkarnation der Kaiserin Sissi sei und sie hatte dafür auch Beweise.

Sie war damals 7 Jahre alt und die Eltern hatten sich in Österreich verfahren und wussten nicht mehr wie es weitergehen sollte.

Da sagte, meine Frau ihr müsst so und so fahren und dann wären sie am Ziel.

Die Eltern meiner Frau guckten sich an und wussten nicht, ob sie darauf hören sollten aber die Großmutter, die mit im Wagen saß meinte sie sollten die Strecke einfach einmal abfahren und sehen was passiert.

Umso beeindruckter waren Sie, als der von ihr beschriebene Weg tatsächlich zu der Hütte führte, die sie vorgeschlagen hatte.

Woher konnte diese kleine Mädchen, die selbst noch nie zuvor in Österreich war das wissen?

Die Großmutter meinte nur das Sie schon vorher gelebt haben muss sonst könnte sie das schließlich nicht wissen.

Nun wissen wir als Christen das es keine Reinkarnation geben kann, aber das Unterbewusstsein kann die erstaunlichen Dinge vollbringen, wenn man nur den kindlichen Wunderglauben hat.

Manche Menschen gaben so eine reale Vorstellungskraft das sie Dinge oder Orte sehen können, ohne je dagewesen zu sein.

Alles ist dem möglich, der da glaubt

Markus 9:23

Es gibt für jeden Menschen diese innere Führung, aber es ist, wie mit allen in dieser Welt man muss sie erst lernen damit umzugehen.

Versuchen wir es Schritt für Schritt.

Kapitel 33)

Was ist denn eigentlich damit gemeint die Wahrheit über Liebe und Ehe?

Was meinst du was heute in der Welt los ist?

Liebe deinen Nächsten wie dich selbst wurde völlig außer Kraft gesetzt und durch liebe dich selbst und tue, was du willst ersetzt.

Das spiegelt sich natürlich auch in den Liebesbeziehungen wider.

Laut biblischen Maßstab ist nur Sex innerhalb der Ehe erlaubt und wenn man die Welt so betrachtet dann ist es eher so dass sich jeder mit jedem einlässt.

Das kann nur zu Problemen führen meinst du nicht?

Wenn alles erlaubt ist dann sinken auch die Selbstachtung und der Wert der Person in deinen Augen.

Stimmt es nicht?

Wenn du dich für jemanden interessierst mit welchen Maßstäben gehst du dann vor?

Was ist dir wichtig?

Loyalität, Treue, Ehrlichkeit, Bescheidenheit, Hilfsbereitschaft usw.

Oder muss er oder Sie nur einfach sexy und willig sein also nur ein Lustobjekt ohne Verantwortung?

Willst du dich von ganzem Herzen geliebt fühlen oder willst du nur ein austauschbares Lustobjekt sein?

Ihr Frauen, ordnet euch euren Männern unter; so ist es für Frauen angemessen, die sich zum Herrn bekennen. Ihr Männer, liebt eure Frauen und geht nicht rücksichtslos mit ihnen um.

Kolosser 3, 18

Die meisten Menschen da draußen ist es eigentlich egal das der Partner auch Bedürfnisse hat weit wichtiger ist es für denjenigen, das er bereit ist mit Ihn ins Bett zu gehen und sich hinzugeben.

Die Bibel ist nicht so keusch, dass sie nicht auch den Sex erwähnt.

Die liebliche Hindin und anmutige Gazelle - ihre Brüste mögen dich allezeit berauschen; durch ihre Liebe mögest du immerdar in Taumel geraten.

Sprüche 5:19

Komm, wir wollen uns in Liebe berauschen bis zum Morgen, wollen schwelgen in Liebeslust.

Sprüche 7:18

Wie du siehst, gibt es darüber auch Bibelstellen und noch viel mehr.

Es steht auch geschrieben dass der Mann sanft mit seiner Frau umgehen sollte und das sich aber auch die Frau nicht über den Mann erheben sollte.

Wenn diese Hinweise, die von Gott stammen wirklich beachtet werden würden wäre es für Mann und Frau leichter miteinander umzugehen.

Die Liebe ist ein Gottes Geschenk das man gar nicht wirklich ermessen kann, denn sie hat so viele Facetten.

Liebe sollte all unser Tun durchdringen.

Es ist am Anfang nicht leicht, damit zu beginnen diese Worte umzusetzen aber glaube mir, es wäre die Mühe wert.

Wer liebt, sollte auch verzeihen können den wir alle verfehlen oft unser Ziel.

Und ertrage einer den andern und vergebt euch untereinander, wenn jemand Klage hat gegen den andern; wie der Herr euch vergeben hat, so vergebt auch ihr!

Kolosser 3:13

Die Liebe ist langmütig, die Liebe ist gütig. Sie ereifert sich nicht, sie prahlt nicht, sie bläht sich nicht auf. 5 Sie handelt nicht ungehörig, sucht nicht ihren Vorteil, lässt sich nicht zum Zorn reizen, trägt das Böse nicht nach.

1.Korinther 13:4,5

In diesem Sinne vertragt euch!

Kapitel 34)

Was ist denn eigentlich damit gemeint die Scheidung wann und warum Du sie sorgfältig ab wegen solltest, was Du tun solltest.

Leider ist immer öfter zu beobachten das Eheleute die sich ewige Treue geschworen haben und dann spätestens ein paar Jahre später vor dem Scheidungsrichter stehen um Ihre Ehe zu beenden.

Wie schon des Öfteren hier erwähnt ist es immer zuerst der Gedanke der, dann dem Ergebnis vorangeht die eigentliche Scheidung ist dann nur noch eine Frage der Zeit.

Es stimmt schon das Gott gesagt hat das was Er zusammengebracht hat soll der Mensch nicht trennen aber es gibt wie immer auch Ausnahmen dieser Regel.

Es ist nicht immer nur die körperliche Untreue, sondern auch wenn der Partner seinen Mann oder seine Frau anfängt zu vernachlässigen oder mit Gewalt bedroht.

Auch kann ständiges Genörgel die einst Vermählten trennen.

Lieber in einer kleinen Ecke unter dem Dach wohnen als in einem prächtigen Haus mit einer nörgelnden Frau!

Sprüche 21,9

Das gilt natürlich auch für nörgelnde Männer!

Manchmal ist es hilfreich sich auch außerhalb der Bibel einen Rat zu holen.

Liebe mich am meisten, wenn ich es am wenigsten verdiene, denn dann brauch ich es am nötigsten.

Unbekannt

Natürlich ist das leichter gesagt, als getan aber wenn man den Partner wirklich von ganzem Herzen liebt könnte, das eine echte Option sein wenn man es möchte und die Kraft dafür aufbringt.

Aber machen wir uns auch nichts vor manchmal kann es auch besser sein wenn man sich trennt.

Etwas auf Biegen und Brechen zusammenhalten zu wollen, was der andere nicht mehr möchte ist sinnlos und jeder Mensch hat das Recht sich auch dagegen zu entscheiden, nur sollte diese Entscheidung nicht aus Hass getroffen werden.

Vielleicht schafft man es gut befreundet zu bleiben, aber auch wenn nicht klappt hat man es dann wenigstens versucht.

Komm bitte nicht auf den Gedanken den ehemaligen Partner zurückgewinnen zu wollen, wie es so schön in machen Büchern beschrieben wird oder zu einem Wahrsager zugehen was gegen Gottes Gebot wäre.

Wie heißt es doch so schön.

Es gibt nicht nur eine Hand voll, es gibt ein ganzes Land voll.

Wenn Du es möchtest, kannst Du auch Gott um einen passenden Partner bitten.

Wer es nicht versucht der kann auch nichts gewinnen.

Aber erwarte keine Wunder, denn jeder Mensch hat seine Schwächen auch der Traumpartner.

Ob es die nicht zugeschraubte Zahnpasta Tube ist oder der nicht zugeklappte Toilettendeckel es gibt 1000 Kleinigkeiten, die einen nerven können aber was ist das schon gegen die guten Seiten?

Ich habe einmal einem Vortrag gelauscht da ging es um einen schwarzen Punkt auf einem weißen Blatt.

Als der Redner das Blatt hochgehalten und fragte was man denn sehen würden sagten alle Anwesenden." *Ein schwarzer Fleck*"

Aber was war mit den weißen 99 % des Blattes? Die wurden nicht gesehen.

Verstehst Du was ich meine?

Fehler zuzudecken kann hilfreicher sein, als sie als Vorwand zu nutzen.

Vertragt Euch besser

Kapitel 35)

Was ist denn eigentlich damit gemeint die Segnungen des Alters?

Mit dem Altwerden ist es wie mit Auf-einem-Berg-Steigen: Je höher man steigt, desto mehr schwinden die Kräfte - aber umso weiter sieht man.

Ingmar Bergman

Leider ist es in der westlichen Welt so, das alte Menschen nicht geschätzt werden.

Das sieht in den anderen Teilen der Erde ganz anders aus.

Dort werden die Alten gewürdigt und auch um Rat gefragt.

Bei den Indianern, die ich persönlich sehr schätze, ist es so dass es einen Rat der Stammesältesten gab, die zusammen nach Lösungen von Problemen suchten.

Die Menschen dieser Tage suchen nicht die Weisheit, sondern das Wissen. Das Wissen gehört der Vergangenheit an, die Weisheit der Zukunft.

Indianische Weisheit

Das sind wahre Worte, die aber in unserer Welt nicht gefragt sind. Dabei hat es sich durchaus als richtig erwiesen das man ältere Männer und Frauen verstärkt in die Unternehmen integriert.

Denn deren Wissen ist manchmal sehr hilfreich denn Sie haben noch in einem Zeitalter gelebt, das nicht durch industrialisiert war.

Das heißt auf Neudeutsch sie hatten kein Internet oder Smartphones.

Dafür haben Sie noch gelernt sich echtes Wissen anzueignen zB durch das Lesen von Lexika oder in Büchern.

Auch in Bezug auf so profane Dinge wie das Kochen und den Haushalt ist Ihr Wissen unschätzbar.

Heutzutage wird immer gleich die chemische Keule geschwungen, um zB Ameisen des Hauses zu verweisen dabei kann man das auch mit Zimt tun denn Zimt ist den Ameisen zu scharf und deswegen übertreten sie diese Linie nicht.

Somit kann man auch mit Zimt diese Eindringlinge vertreiben ohne Umweltgifte.

Man kann auch Puderzucker für offene Beine nehmen, um diese zu heilen aber das Wissen heute selbst die Ärzte nicht mehr oder sie wollen es nicht wissen, aber das ist ein anderes Thema.

Viele gute Restaurants arbeiten mit den Rezepten der Großeltern oder sogar der vergangenen Generationen und haben damit durchschlagenden Erfolg.

Wenn man wie ich schon zur älteren Generation gehört dann ist man jedenfalls verständnisvoller und ruhiger als die junge Generation.

Durch die Schule des Lebens sind wir erfahrener und distanzierter was viele Dinge anbelangt.

Auch sind wir älteren bemüht unsere Arbeit gewissenhafter auszuführen und fehlen seltener als die jüngeren.

Vielleicht sind wir mit den modernen Medien nicht so vertraut und können damit wie im Schlaf umgehen aber wir kennen noch Karteikarten und sind auch für den Fall eines Stromausfalles gewappnet.

Wenn Sie heute bei Aldi einkaufen und der Strom ist weg, dann ist die Filiale dicht.

In damaligen Geschäften gab es noch Registrierkassen, die ohne Strom liefen.

Nun wirst Du sicherlich einwenden, dass es ja nicht so häufig Stromausfälle gibt und Du hast, damit vielleicht sogar recht aber wenn es dann irgendwann einmal dazu kommt, ist Feierabend.

Dann funktioniert in der heutigen Zeit kein Kaufhaus oder Tankstelle mehr.

Kein Internet und kein Handy und was dann?

Per Rauchzeichen bestellen wie bei den Indianern?

Na mal Scherz beiseite das kann schnell gefährlich werden.

Deswegen haben zB auch Krankenhäuser Notstromaggregate die für diesen Fall dann einspringen.

Es ist, wie immer im Leben nicht alles hat nur Vorteile viele Dinge machen einen nicht nur abhängig, sondern unterliegt gewissen Gefahren.

Es gibt auch Bücher darüber, wie man sich im Falle eines Stromausfalles helfen kann das ist vielleicht auch mal sinnvoll sich ein derartiges Buch zuzulegen und bitte die Kerzen nicht vergessen denn ohne Strom kein Licht.

Kapitel 36)

Was ist denn eigentlich, damit gemeint der Weltfrieden wie kann man Ihn erlangen?

Der von allen erstrebte Weltfriede wäre durchaus machbar allerdings kann man am Frieden nichts verdienen.

Jede Kanone, die gebaut wird, jedes Kriegsschiff, das vom Stapel gelassen wird, jede abgefeuerte Rakete bedeutet letztlich einen Diebstahl an denen, die hungern und nichts zu essen bekommen, denen, die frieren und keine Kleidung haben. Eine Welt unter Waffen verpulvert nicht nur Geld allein. Sie verpulvert auch den Schweiß Ihrer Arbeiter, den Geist Ihrer Wissenschaftler und die Hoffnung Ihrer Kinder.

Dwight D. Eisenhower

Ich kann mich noch an das Lied von Herbert Grönemeyer erinnern das hieß *"Kinder an die Macht"*

Die Armeen aus Gummibärchen.

Die Panzer aus Marzipan.

Kriege werden aufgegessen kindlich genial

Es gibt kein gut, es gibt kein böse,

Es gibt kein schwarz, es gibt kein weiß,

Es gibt Zahnlücken

Statt zu unterdrücken

Gibt's Erdbeereis auf Lebenszeit,

Immer für 'ne Überraschung gut

Gebt den Kindern das Kommando

Sie berechnen nicht, was sie tun

Die Welt gehört in Kinderhände

Dem Trübsinn ein Ende

Wir werden in Grund und Boden gelacht

Kinder an die Macht

Sie sind die wahren Anarchisten

Lieben das Chaos, räumen ab

Kennen keine Rechte, keine Pflichten

Ungebeugte Kraft, massenhaft

Ungestümer Stolz

Songwriter: Herbert Groenemeyer

Somit ist eigentlich alles gesagt denn Kinder haben (eigentlich) keine Vorurteile die wer-

den dann von den Eltern und Großeltern implantiert.

Natürlich wäre es schön in einer Welt zu leben in der Kriege der Vergangenheit angehören aber leider lernt die Menschheit nicht aus Ihren Fehlern und so scheint ein echter Frieden auf lange Sicht nur ein schöner Traum zu sein.

Wenn wir allerdings damit anfangen unsere Nächsten freundlich zu behandeln, wer weiß ob sich das nicht auch ausdehnen wird wie eine Welle und auch die anderen erfasst vielleicht nicht gerade zum Weltfrieden aber zu einem friedlichen Miteinander.

Schlussbemerkungen.

Ich hoffe, dass Dir das Buch gefallen hat und das sich nun Dein Leben positiv verändern wird.

Ich würde mich auch sehr über ein Feedback freuen unter:

roman.heit@t-online.de

Sag mir doch gerne was Dir gefallen hat und vielleicht wie Dir das Buch weitergeholfen hat.

In diesem Sinne wünsche ich Dir Erfolg und Zufriedenheit